入法界品三十六之六

大方廣佛華嚴經第六十五卷變相

大方廣佛華嚴經

일러두기

1. 『대방광불화엄경 강설』 원문原文의 저본底本은 근세에 교정이 가장 잘 되었다고 정평이 나 있는 대만臺灣의 불타교육기금회佛陀敎育基金會에서 출판한 『화엄경소초華嚴經疏鈔』본입니다.

2. 『대방광불화엄경 강설』은 실차난타實叉難陀가 695년부터 699년까지 4년에 걸쳐 번역해 낸 80권본卷本 『대방광불화엄경』을 우리말로 옮기고 강설을 붙인 것입니다.

3. 『대방광불화엄경』은 애초 산스크리트에서 한역漢譯된 경전이지만 현재 산스크리트본은 소실된 상태입니다. 산스크리트를 음차한 경우 굳이 원래 소리를 표기하려고 하기보다는 『표준국어대사전』이나 『불교사전』 등에 등재된 한자음을 사용하는 것을 원칙으로 하였습니다.

4. 경문의 한글 번역은 동국역경원본을 참고하여 그대로 또는 첨삭을 하며 의미대로 번역하고 다듬었습니다.

5. 각 품마다 내용에 따라 단락을 나누고 제목을 달았습니다. 단락의 제목은 주로 청량淸凉스님의 견해에 기초하였고 이통현李通玄장자의 견해를 참고로 하였습니다.

6. 『대방광불화엄경 강설』의 발행 순서는 한역 경전의 편재 순서를 기준으로 하였고 각 권은 단행본 한 권씩으로 출간될 예정이며 모두 80권으로 완간됩니다. 다만 80권본에 빠져 있는 「보현행원품」은 80권본 완역 및 강설 후 시리즈에 포함돼 추가될 예정입니다.

7. 『대방광불화엄경 강설』 안에서 불교용어를 풀이한 것은 운허스님이 저술하고 동국역경원에서 편찬한 『불교사전』을 인용하였습니다.

8. 각주의 청량스님의 소疏는 대만에서 입력한 大方廣佛華嚴經 사이트의 것을 사용하였습니다.

9. 『대방광불화엄경 강설』 입법계품에 들어가는 문수지남도는 북송北宋시대 불국佛國선사가 선재동자가 53명의 선지식을 친견하여 법을 구하는 장면을 하나하나 그림으로 그린 것입니다.

대방광불화엄경 강설
제 65 권

三十九. 입법계품入法界品 6

실차난타實叉難陀 한역
무비스님 강설

서문

　이때에 선재동자는 선지식의 가르침은 마치 큰 바다와 같아서 큰 비를 받아들여도 싫어함이 없음을 관찰하고 이렇게 생각하였습니다.

　'선지식의 가르침은 마치 봄 날씨와 같아서

　모든 착한 법의 뿌리와 싹을 자라게 하며

　선지식의 가르침은 마치 보름달과 같아서

　비치는 곳마다 모두 서늘하게 하며

　선지식의 가르침은 마치 여름의 설산雪山과 같아서

　일체 모든 짐승들의 뜨거운 갈증을 없애 주며

　선지식의 가르침은 연못에 비치는 해와 같아서

　모든 착한 마음의 연꽃을 피게 하며

　선지식의 가르침은 큰 보배의 섬과 같아서

　가지가지 법의 보배로 그 마음을 충만하게 하며

대방광불화엄경 강설

선지식의 가르침은 염부 나무와 같아서

모든 복과 지혜의 꽃과 열매를 쌓아 모으며

선지식의 가르침은 큰 용왕과 같아서

허공에서 자유자재하게 유희하며

선지식의 가르침은 수미산과 같아서

한량없이 선한 법의 삼십삼천이 그 가운데 머무르며

선지식의 가르침은 마치 제석과 같아서

모든 대중이 둘러 호위하여 가려 버릴 이가 없고

능히 외도와 아수라 군중을 항복받는다.'라고 하여

이와 같이 생각하면서 점점 나아갔습니다.

2017년 7월 15일

신라 화엄종찰 금정산 범어사

如天 無比

대방광불화엄경 목차

대방광불화엄경 강설 제65권

三十九. 입법계품入法界品 6

【 지말법회의 53선지식 】

【 십주위 선지식 】

【 십행위 선지식 】

대방광불화엄경 강설

제65권

三十九. 입법계품 6

문수지남도 제11, 선재동자가 자행동녀를 친견하다.

11. 자행동녀 慈行童女

제10 관정주灌頂住 선지식

1) 자행동녀를 뵙고 법을 묻다

(1) 선지식에게 존중하는 마음을 내다

이시 선재동자 어선지식소 기최극존중
爾時에 **善財童子**가 **於善知識所**에 **起最極尊重**

심 생광대청정해 상념대승 전구불지
心하고 **生廣大淸淨解**하야 **常念大乘**하며 **專求佛智**

원견제불
하야 **願見諸佛**하며

　그때에 선재동자는 선지식에게 가장 지극히 존중하는 마음을 내며, 광대하고 청정한 이해를 내어 항상 대승을 생각하고, 부처님 지혜를 일심으로 구하며, 모든 부처님을 친견하기를 원하였습니다.

관법경계　　무장애지　　상현재전　　결정요
觀法境界호대 **無障礙智**가 **常現在前**하야 **決定了**

지제법실제　　상주제　　일체삼세제찰나제　　여
知諸法實際와 **常住際**와 **一切三世諸刹那際**와 **如**

허공제　　무이제　　일체법무분별제　　일체의무
虛空際와 **無二際**와 **一切法無分別際**와 **一切義無**

장애제　　일체겁무실괴제　　일체여래무제지
障礙際와 **一切劫無失壞際**와 **一切如來無際之**

제
際하야

　법의 경계를 관찰하되 걸림 없는 지혜가 항상 앞에
나타나서 모든 법의 참된 경계와, 항상 머물러 있는 경
계와, 모든 세 세상이 찰나인 경계와, 허공과 같은 경계
와, 둘이 없는 경계와, 모든 법의 분별이 없는 경계와,
모든 이치의 걸림이 없는 경계와, 모든 겁이 무너지지
않는 경계와, 모든 여래의 경계가 없는 경계를 결정하
여 알았습니다.

어일체불 심무분별 파중상망 이제집
於一切佛에 **心無分別**하며 **破衆想網**하며 **離諸執**

착 불취제불중회도량 역불취불청정국
着하며 **不取諸佛衆會道場**하며 **亦不取佛淸淨國**

토 지제중생 개무유아 지일체성 실개
土하며 **知諸衆生**이 **皆無有我**하며 **知一切聲**이 **悉皆**

여향 지일체색 실개여영
如響하며 **知一切色**이 **悉皆如影**하나니라

　모든 부처님에게 분별하는 마음이 없고, 모든 생각
의 그물을 깨뜨려 집착이 없으며, 모든 부처님의 대중
이 모인 도량도 취하지 않고, 또한 부처님의 청정한 국
토도 취하지 않으며, 모든 중생은 모두 '나'가 없음을
알고, 모든 소리는 다 메아리 같음을 알고, 모든 물질은
다 그림자 같은 줄 알았습니다.

　선재동자는 선지식을 만날 때마다 언제나 큰 소득이 있
었음을 밝혔다. 앞서 승열바라문 선지식에게 가장 지극히
존중하는 마음을 내며 광대하고 청정한 이해를 내어 항상
대승을 생각하고, 부처님 지혜를 일심으로 구하며, 모든 부

처님을 친견하기를 원하였다. 또 모든 생각의 그물을 깨뜨려 집착이 없으며, 모든 부처님의 대중이 모인 도량을 취하지 않고, 또한 부처님의 청정한 국토도 취하지 않으며, 모든 중생은 모두 '나'가 없음을 알고, 모든 소리는 다 메아리 같음을 알고, 모든 물질은 다 그림자 같은 줄 알았다.

(2) 비로자나장 궁전과 자행동녀

점 차 남 행
漸次南行하야 至獅子奮迅城하야 周徧推求慈

행 동 녀
行童女러니 聞此童女가 是獅子幢王女라 五百童

녀
女로 以爲侍從하야 住毘盧遮那藏殿하사 於龍勝

전 단 족 금 선 망 천 의 좌 상
栴檀足金線網天衣座上에 而說妙法하고

점점 남쪽으로 가다가 사자분신성에 이르러 여러 곳으로 다니면서 자행동녀慈行童女를 찾았습니다. 이 동녀는 사자당왕獅子幢王의 딸로서 오백 동녀로 시종을 삼고,

비로자나장毘盧遮那藏 궁전에 머물며, 용승전단龍勝栴檀이 발이 되고, 금실 그물을 두르고 하늘 옷을 깔아 놓은 자리 위에 앉아 미묘한 법을 연설한다는 말을 들었습니다.

선재동자는 승열바라문이 가르쳐 준 대로 점점 남쪽으로 가서 자행동녀 선지식을 찾았다. 자행동녀는 왕의 딸로서 오백 동녀를 시종으로 삼고 비로자나장 궁전에서 미묘한 법을 설하고 있다는 소문을 들었다.

선재　　문이　　예왕궁문　　구견피녀　　견무
善財가 聞已에 詣王宮門하야 求見彼女라가 見無

량중　　내입궁중　　선재　　문언　　제인　　금자
量衆이 來入宮中하고 善財가 問言호대 諸人은 今者

하소왕예　　함보지언　　아등　　욕예자행동
에 何所往詣오 咸報之言호대 我等은 欲詣慈行童

녀　　청수묘법
女하야 聽受妙法이로라

선재동자가 이 말을 듣고 왕궁에 나아가 자행동녀를

찾는데 한량없는 사람들이 궁중으로 들어가는 것을 보고 선재동자가 묻기를 "여러분들은 지금 어디로 가십니까?" 하니, 그 사람들이 함께 대답하여 말하되, "우리는 자행동녀에게 가서 미묘한 법을 들으려 합니다."라고 하였습니다.

善財童子가 卽作是念호대 此王宮門이 旣無限礙인댄 我亦應入이라하고 善財가 入已에 見毘盧遮那藏殿이니라

선재동자가 곧 생각하기를 '이 왕궁의 문은 제한이 없으니 나도 또한 들어가리라.' 하고 선재동자가 들어가서 비로자나장 궁전을 보았습니다.

선재동자가 자행동녀 선지식을 찾는데, 한량없는 사람들이 궁중으로 들어가는 것을 보고 그들을 따라 함께 궁전

에 들어가게 되었다.

파려위지　유리위주　금강위벽　염부
玻瓈爲地하며 瑠璃爲柱하며 金剛爲壁하며 閻浮

단금　이위원장　백천광명　이위창유
檀金으로 以爲垣牆하며 百千光明으로 而爲牕牖하며

아승지마니보　이장교지　보장마니경　주
阿僧祇摩尼寶로 而莊校之하며 寶藏摩尼鏡으로 周

잡장엄　이세간최상마니보　이위장식　무
帀莊嚴하며 以世間最上摩尼寶로 而爲莊飾하며 無

수보망　나부기상　백천금령　출묘음성
數寶網으로 羅覆其上하며 百千金鈴이 出妙音聲이라

파려로 땅이 되고, 유리로 기둥을 만들고, 금강으로
벽이 되었으며, 염부단금으로 담을 쌓았고, 백천 광명은
창호가 되고, 아승지 마니보배로 꾸미었으며, 보장寶藏마
니 거울로 두루 장엄하였고, 세상에서 제일가는 마니
보배로 장식하였는데, 수없는 보배 그물이 위에 덮이었
고, 백천의 황금 풍경에서는 아름다운 소리가 흘러나왔
습니다.

유 여 시 등 불 가 사 의 중 보 엄 식　　　기 자 행 동
有如是等不可思議衆寶嚴飾이어든 其慈行童

녀　피 부 금 색　　안 감 자 색　　발 감 청 색　　이
女가 皮膚金色이며 眼紺紫色이며 髮紺靑色이라 以

범 음 성　　이 연 설 법
梵音聲으로 而演說法하나니라

　이와 같은 등 부사의한 온갖 보배로 훌륭하게 꾸몄
는데, 그 자행동녀는 살갗은 금빛이요, 눈은 자줏빛이
고, 머리카락은 검푸르며, 범천의 음성으로 법을 연설
하고 있었습니다.

　비로자나장 궁전은 파려로 땅이 되고, 유리로 기둥을 만
들고, 금강으로 벽이 되었으며, 염부단금으로 담을 쌓았고,
백천 광명은 창호가 되는 등 아름답고 화려하기가 그지없었
다. 그와 같은 궁전에서 법을 설하고 있는 자행동녀는 살갗
은 금빛이요, 눈은 자줏빛이고, 머리카락은 검푸르며, 범천
의 음성이었다.

(3) 선재동자가 법을 묻다

善財가 見已에 頂禮其足하며 繞無數帀하고 合掌
(선재) (견이) (정례기족) (요무수잡) (합장)

前住하야 作如是言호대 聖者여 我已先發阿耨多羅
(전주) (작여시언) (성자) (아이선발아뇩다라)

三藐三菩提心호니 而未知菩薩이 云何學菩薩行
(삼먁삼보리심) (이미지보살) (운하학보살행)

이며 云何修菩薩道리잇고 我聞聖者는 善能誘誨라하니
(운하수보살도) (아문성자) (선능유회)

願爲我說하소서
(원위아설)

선재동자가 친견하고 나서 발에 엎드려 절하고 수없이 돌고 합장하고 서서 이와 같이 말하였습니다. "거룩하신 이여, 저는 이미 아뇩다라삼먁삼보리심을 내었습니다. 그러나 보살이 어떻게 보살의 행을 배우며 어떻게 보살의 도를 닦는지를 알지 못합니다. 제가 들으니 거룩하신 이께서 잘 가르치신다 하오니 바라옵건대 저를 위하여 말씀하여 주십시오."

선재동자가 새로운 선지식을 만날 때마다 묻는 말은 언제나 한결같이 보살행과 보살도에 대한 내용이었다.

2) 반야바라밀로 장엄한 궁전

時_에 慈行童女_가 告善財言_{하사대} 善男子_야 汝應

觀我宮殿莊嚴_{이어다} 善財_가 頂禮_{하고} 周徧觀察_{하야}

그때에 자행동녀가 선재동자에게 말하였습니다. "선
남자여, 그대는 응당 나의 궁전의 장엄한 것을 보십시
오." 선재동자가 엎드려 절하고 두루 살펴보았습니다.

見一一壁中_과 一一柱中_과 一一鏡中_과 一一

相中_과 一一形中_과 一一摩尼寶中_과 一一莊嚴具

中_과 一一金鈴中_과 一一寶樹中_과 一一寶形像中

일일보영락중　　실견법계일체여래　　종초발
과 一一寶瓔珞中에 悉見法界一切如來가 從初發

심　　　수보살행　　성만대원　　　구족공덕
心으로 修菩薩行하사 成滿大願하고 具足功德하며

성등정각　　　전묘법륜　　　내지시현입어열반
成等正覺하고 轉妙法輪하며 乃至示現入於涅槃이

　　여시영상　　미불개현　　　여정수중　　보견허
라 如是影像이 靡不皆現호미 如淨水中에 普見虛

공일월성수　　소유중상
空日月星宿의 所有衆像하니

　　낱낱 벽과 낱낱 기둥과 낱낱 거울과 낱낱 모양과 낱
낱 형상과 낱낱 마니보배와 낱낱 장엄거리와 낱낱 황
금 풍경과 낱낱 보배 나무와 낱낱 보배 형상과 낱낱 보
배 영락에 법계의 일체 여래께서 처음 마음을 내고, 보
살의 행을 닦고, 큰 서원을 만족하고, 공덕을 갖추고,
등정각을 이루고, 미묘한 법륜을 굴리고, 열반에 드시
는 일이 나타난 것이 영상처럼 다 나타나니, 마치 깨끗
한 물속에 일월성신과 모든 물상이 널리 비치는 듯하
였습니다.

자행동녀 선지식이 머무는 비로자나장 궁전은 반야바라밀로 장엄한 궁전이어서 낱낱 벽과 낱낱 기둥과 낱낱 거울과 낱낱 모양과 낱낱 형상 등에서 법계의 일체 여래께서 처음 마음을 내고, 보살의 행을 닦고, 큰 서원을 만족하고, 공덕을 갖추고, 등정각을 이루고, 미묘한 법륜을 굴리고, 열반에 드시는 일 등 모든 부처님의 일생이 다 나타났다. 그것은 모두 자행동녀의 지난 세상에 심은 선근의 힘으로 나타난 것이다.

여 차 개 시 자 행 동 녀 과 거 세 중 선 근 지 력
如此가 **皆是慈行童女**의 **過去世中善根之力**이러라

이와 같은 것은 모두 자행동녀가 지난 세상에 심은 착한 뿌리의 힘이었습니다.

이 시 선 재 동 자 억 념 소 견 제 불 지 상 합
爾時에 **善財童子**가 **憶念所見諸佛之相**하고 **合**

장 첨 앙 자 행 동 녀
掌瞻仰慈行童女러니

이때에 선재동자는 궁전의 장엄에서 본 모든 부처님의 여러 가지 모양을 생각하면서 합장하고 자행동녀를 우러러보았습니다.

이 시　　동 녀　　고 선 재 언　　　선 남 자　　차 시 반
爾時에 **童女**가 **告善財言**하사대 **善男子**야 **此是般**

야 바 라 밀 보 장 엄 문　　아 어 삼 십 육 항 하 사 불 소
若波羅蜜普莊嚴門이니 **我於三十六恒河沙佛所**

구 득 차 법　　피 제 여 래　　각 이 이 문　　　영 아 입
에 **求得此法**할새 **彼諸如來**가 **各以異門**으로 **令我入**

차 반 야 바 라 밀 보 장 엄 문　　일 불 소 연　　여 부 중
此般若波羅蜜普莊嚴門하사 **一佛所演**을 **餘不重**

설
說하시니라

그때에 자행동녀가 선재동자에게 말하였습니다. "선남자여, 이것은 반야바라밀다의 두루 장엄하는 문이니, 내가 삼십육 항하강의 모래 수 부처님 계신 데서 이 법

을 얻었는데 저 모든 여래가 각각 다른 문으로써 나로 하여금 이 반야바라밀다로 두루 장엄하는 문에 들어가게 하였으며, 한 부처님이 말씀하신 것은 다른 부처님이 거듭 말씀하시지 아니하였습니다."

자행동녀 선지식은 삼십육 항하강의 모래 수 부처님 계신 데서 구하여 얻은 법으로서 반야바라밀다의 두루 장엄하는 문이라고 하였다. 그리고 그 삼십육 항하강의 모래 수 부처님들은 한 부처님이 말씀하신 것은 다른 부처님이 거듭 말씀하시지 않았다는 것도 함께 밝혔다.

3) 백만 아승지 다라니문이 앞에 나타나다

善財가 白言호대 聖者여 此般若波羅蜜普莊嚴

門이 境界云何니잇고 童女가 答言하사대 善男子야 我

입차반야바라밀보장엄문　　수순취향　　사
入此般若波羅蜜普莊嚴門하야 **隨順趣向**하며 **思**

유관찰　　억지분별시　득보문다라니　　백만
惟觀察하며 **憶持分別時**에 **得普門陀羅尼**하야 **百萬**

아승지다라니문　개실현전
阿僧祇陀羅尼門이 **皆悉現前**하니

　선재동자가 사뢰어 말하였습니다. "거룩하신 이여,
이 반야바라밀다로 두루 장엄하는 문의 경계는 어떠합
니까?" 자행동녀가 대답하였습니다. "선남자여, 내가
이 반야바라밀다로 두루 장엄하는 문에 들어가서 따라
나아가면서 생각하고 관찰하고 기억하고 분별할 적에
넓은 문 다라니를 얻으니, 백만 아승지 다라니문이 모
두 앞에 나타났습니다."

　자행동녀가 반야바라밀다로 두루 장엄하는 문에 들어가
서 생각하고 관찰하고 기억하고 분별할 적에 넓은 문 다라
니를 얻었는데 곧 백만 아승지 다라니문이 모두 함께 앞에
나타났음을 밝혔다.

소위불찰다라니문　불다라니문　법다라
所謂佛刹陀羅尼門과　佛陀羅尼門과　法陀羅

니문　중생다라니문　과거다라니문　미래다
尼門과　衆生陀羅尼門과　過去陀羅尼門과　未來陀

라니문　현재다라니문　상주제다라니문　복
羅尼門과　現在陀羅尼門과　常住際陀羅尼門과　福

덕다라니문　복덕조도구다라니문
德陀羅尼門과　福德助道具陀羅尼門과

"이른바 부처님 세계 다라니문과, 부처님 다라니문
과, 법 다라니문과, 중생 다라니문과, 과거 다라니문과,
미래 다라니문과, 현재 다라니문과, 항상 머무는 경계
다라니문과, 복덕 다라니문과, 복덕으로 도를 돕는 거
리의 다라니문과,

지혜다라니문　지혜조도구다라니문　제
智慧陀羅尼門과　智慧助道具陀羅尼門과　諸

원다라니문　분별제원다라니문　집제행다
願陀羅尼門과　分別諸願陀羅尼門과　集諸行陀

라 니 문　청 정 행 다 라 니 문　원 만 행 다 라 니 문
羅尼門과 淸淨行陀羅尼門과 圓滿行陀羅尼門과

업 다 라 니 문　업 불 실 괴 다 라 니 문　업 류 주 다
業陀羅尼門과 業不失壞陀羅尼門과 業流注陀

라 니 문
羅尼門과

지혜 다라니문과, 지혜로 도를 돕는 거리의 다라니
문과, 여러 소원 다라니문과, 여러 소원을 분별하는 다
라니문과, 모든 행을 모으는 다라니문과, 행을 청정하
게 하는 다라니문과, 행을 원만하게 하는 다라니문과,
업 다라니문과, 업이 없어지지 않는 다라니문과, 업이
흐르는 다라니문과,

업 소 작 다 라 니 문　사 리 악 업 다 라 니 문　수
業所作陀羅尼門과 捨離惡業陀羅尼門과 修

습 정 업 다 라 니 문　업 자 재 다 라 니 문　선 행 다
習正業陀羅尼門과 業自在陀羅尼門과 善行陀

라 니 문　지 선 행 다 라 니 문　삼 매 다 라 니 문　수
羅尼門과 持善行陀羅尼門과 三昧陀羅尼門과 隨

순삼매다라니문　관찰삼매다라니문　삼매
順三昧陀羅尼門과 觀察三昧陀羅尼門과 三昧

경계다라니문
境界陀羅尼門과

　업으로 짓는 다라니문과, 나쁜 업을 버리는 다라니
문과, 바른 업을 닦는 다라니문과, 업이 자재한 다라
니문과, 착한 행 다라니문과, 착한 행을 유지하는 다
라니문과, 삼매 다라니문과, 삼매를 따르는 다라니문
과, 삼매를 관찰하는 다라니문과, 삼매의 경계 다라니
문과,

종삼매기다라니문　신통다라니문　심해
從三昧起陀羅尼門과 神通陀羅尼門과 心海

다라니문　종종심다라니문　직심다라니문
陀羅尼門과 種種心陀羅尼門과 直心陀羅尼門과

조심조림다라니문　조심청정다라니문　지
照心稠林陀羅尼門과 調心淸淨陀羅尼門과 知

중생소종생다라니문　지중생번뇌행다라니
衆生所從生陀羅尼門과 知衆生煩惱行陀羅尼

문　지 번 뇌 습 기 다 라 니 문
門과 知煩惱習氣陀羅尼門과

　삼매에서 일어나는 다라니문과, 신통한 다라니문과,
마음 바다 다라니문과, 갖가지 마음 다라니문과, 곧은
마음 다라니문과, 마음 숲을 비추는 다라니문과, 마음
을 조복해서 청정하게 하는 다라니문과, 중생의 나는
데를 아는 다라니문과, 중생의 번뇌행을 아는 다라니문
과, 번뇌습기를 아는 다라니문과,

　지 번 뇌 방 편 다 라 니 문　　지 중 생 해 다 라 니 문
知煩惱方便陀羅尼門과 知衆生解陀羅尼門과

지 중 생 행 다 라 니 문　　지 중 생 행 부 동 다 라 니 문
知衆生行陀羅尼門과 知衆生行不同陀羅尼門과

지 중 생 성 다 라 니 문　　지 중 생 욕 다 라 니 문　　지
知衆生性陀羅尼門과 知衆生欲陀羅尼門과 知

중 생 상 다 라 니 문　　보 견 시 방 다 라 니 문　　설 법 다
衆生想陀羅尼門과 普見十方陀羅尼門과 說法陀

라 니 문　　대 비 다 라 니 문
羅尼門과 大悲陀羅尼門과

번뇌의 방편을 아는 다라니문과, 중생의 지혜를 아는 다라니문과, 중생의 행을 아는 다라니문과, 중생의 행이 같지 않음을 아는 다라니문과, 중생의 성품을 아는 다라니문과, 중생의 욕망을 아는 다라니문과, 중생의 생각을 아는 다라니문과, 시방을 두루 보는 다라니문과, 법을 설하는 다라니문과, 크게 가없이 여기는 다라니문과,

대자다라니문 적정다라니문 언어도다
大慈陀羅尼門과 寂靜陀羅尼門과 言語道陀

라니문 방편비방편다라니문 수순다라니
羅尼門과 方便非方便陀羅尼門과 隨順陀羅尼

문 차별다라니문 보입다라니문 무애제다
門과 差別陀羅尼門과 普入陀羅尼門과 無礙際陀

라니문 보변다라니문 불법다라니문
羅尼門과 普徧陀羅尼門과 佛法陀羅尼門과

크게 인자한 다라니문과, 고요한 다라니문과, 말하는 길 다라니문과, 방편과 방편 아닌 다라니문과, 따라주는 다라니문과, 차별한 다라니문과, 널리 들어가는 다

라니문과, 걸림 없는 경계 다라니문과, 널리 두루 하는
다라니문과, 부처님의 법 다라니문과,

보살법다라니문 　성문법다라니문 　독각
菩薩法陀羅尼門과 　聲聞法陀羅尼門과 　獨覺

법다라니문 　세간법다라니문 　세계성다라
法陀羅尼門과 　世間法陀羅尼門과 　世界成陀羅

니문 　세계괴다라니문 　세계주다라니문 　정
尼門과 　世界壞陀羅尼門과 　世界住陀羅尼門과 　淨

세계다라니문 　구세계다라니문 　어구세계
世界陀羅尼門과 　垢世界陀羅尼門과 　於垢世界에

현정다라니문
現淨陀羅尼門과

　　보살의 법 다라니문과, 성문의 법 다라니문과, 독각
의 법 다라니문과, 세간의 법 다라니문과, 세계가 이뤄
지는 다라니문과, 세계가 무너지는 다라니문과, 세계가
머무는 다라니문과, 깨끗한 세계 다라니문과, 더러운 세
계 다라니문과, 더러운 세계를 깨끗하게 나타내는 다라
니문과,

어　정　세　계　　　현　구　다　라　니　문　　　순　구　세　계　다　라
於淨世界에 **現垢陀羅尼門**과 **純垢世界陀羅**

니　문　　　순　정　세　계　다　라　니　문　　　평　탄　세　계　다　라　니
尼門과 **純淨世界陀羅尼門**과 **平坦世界陀羅尼**

문　　　불　평　탄　세　계　다　라　니　문　　　복　세　계　다　라　니　문
門과 **不平坦世界陀羅尼門**과 **覆世界陀羅尼門**과

인　다　라　망　세　계　다　라　니　문　　　세　계　전　다　라　니　문　　　지
因陀羅網世界陀羅尼門과 **世界轉陀羅尼門**과 **知**

의　상　주　다　라　니　문　　　세　입　추　다　라　니　문
依想住陀羅尼門과 **細入麤陀羅尼門**과

　　청정한 세계에 더러움을 나타내는 다라니문과, 순전
히 더러운 세계 다라니문과, 순전히 깨끗한 세계 다라
니문과, 평탄한 세계 다라니문과, 평탄치 못한 세계 다
라니문과, 엎어진 세계 다라니문과, 인드라그물 세계 다
라니문과, 세계가 구르는 다라니문과, 생각을 의지해서
머무름을 아는 다라니문과, 작은 것이 큰 데에 들어가
는 다라니문과,

추입세다라니문　견제불다라니문　분별
麤入細陀羅尼門과　見諸佛陀羅尼門과　分別

불신다라니문　불광명장엄망다라니문　불
佛身陀羅尼門과　佛光明莊嚴網陀羅尼門과　佛

원만음다라니문　불법륜다라니문　성취불
圓滿音陀羅尼門과　佛法輪陀羅尼門과　成就佛

법륜다라니문　차별불법륜다라니문　무차
法輪陀羅尼門과　差別佛法輪陀羅尼門과　無差

별불법륜다라니문　해석불법륜다라니문
別佛法輪陀羅尼門과　解釋佛法輪陀羅尼門과

　큰 것이 작은 데에 들어가는 다라니문과, 모든 부처
님을 보는 다라니문과, 부처님 몸을 분별하는 다라니문
과, 부처님 광명으로 장엄하는 그물 다라니문과, 부처
님의 원만한 음성 다라니문과, 부처님의 법륜 다라니문
과, 부처님의 법륜을 성취하는 다라니문과, 차별한 부
처님의 법륜 다라니문과, 차별 없는 부처님의 법륜 다
라니문과, 부처님의 법륜을 해석하는 다라니문과,

전불법륜다라니문　　능작불사다라니문　분
轉佛法輪陀羅尼門과 **能作佛事陀羅尼門**과 **分**

별불중회다라니문　　입불중회해다라니문　보
別佛衆會陀羅尼門과 **入佛衆會海陀羅尼門**과 **普**

조불력다라니문　　제불삼매다라니문　　제불
照佛力陀羅尼門과 **諸佛三昧陀羅尼門**과 **諸佛**

삼매자재용다라니문　　제불소주다라니문　제
三昧自在用陀羅尼門과 **諸佛所住陀羅尼門**과 **諸**

불소지다라니문　　제불변화다라니문
佛所持陀羅尼門과 **諸佛變化陀羅尼門**과

　부처님의 법륜을 굴리는 다라니문과, 능히 불사를 짓
는 다라니문과, 부처님의 대중 모임을 분별하는 다라니
문과, 부처님의 대중 모임에 들어가는 다라니문과, 부
처님의 힘을 두루 비추는 다라니문과, 모든 부처님의
삼매 다라니문과, 모든 부처님의 삼매가 자재한 작용의
다라니문과, 모든 부처님이 머무시는 다라니문과, 모든
부처님의 지니는 다라니문과, 모든 부처님의 변화하는
다라니문과,

불 지 중 생 심 행 다 라 니 문   제 불 신 통 변 현 다
佛知衆生心行陀羅尼門과 諸佛神通變現陀

라 니 문   주 도 솔 천 궁   내 지 시 현 입 어 열 반 다
羅尼門과 住兜率天宮하야 乃至示現入於涅槃陀

라 니 문   이 익 무 량 중 생 다 라 니 문   입 심 심 법
羅尼門과 利益無量衆生陀羅尼門과 入甚深法

다 라 니 문   입 미 묘 법 다 라 니 문   보 리 심 다 라
陀羅尼門과 入微妙法陀羅尼門과 菩提心陀羅

니 문   기 보 리 심 다 라 니 문   조 보 리 심 다 라 니
尼門과 起菩提心陀羅尼門과 助菩提心陀羅尼

문   제 원 다 라 니 문
門과 諸願陀羅尼門과

부처님이 중생의 마음과 행을 아는 다라니문과, 모
든 부처님의 신통으로 변화해 나타나는 다라니문과, 도
솔천궁에 머물며 내지 열반에 듦을 보이시는 다라니문
과, 한량없는 중생을 이익하게 하는 다라니문과, 매우
깊은 법에 들어가는 다라니문과, 미묘한 법에 들어가는
다라니문과, 보리심 다라니문과 보리심을 일으키는 다
라니문과, 보리심을 도와주는 다라니문과, 모든 서원
다라니문과,

제행다라니문　신통다라니문　출리다라니
諸行陀羅尼門과 **神通陀羅尼門**과 **出離陀羅尼**

문　총지청정다라니문　지륜청정다라니문
門과 **總持清淨陀羅尼門**과 **智輪清淨陀羅尼門**과

지혜청정다라니문　보리무량다라니문　자심
智慧清淨陀羅尼門과 **菩提無量陀羅尼門**과 **自心**

청정다라니문
清淨陀羅尼門이니라

　모든 행行 다라니문과, 신통 다라니문과, 벗어나는
다라니문과, 다 지님이 청정한 다라니문과, 지혜 바퀴
가 청정한 다라니문과, 지혜가 청정한 다라니문과, 보
리가 한량없는 다라니문과, 자신의 마음이 청정한 다라
니문이었습니다.”

　자행동녀 선지식 앞에 나타난 백만 아승지 다라니문 중
에서 여기에 밝힌 다라니문은 모두 118개이다. 이것이 곧 자
행동녀 선지식의 법이다.

4) 자기는 겸손하고 다른 이의 수승함을 추천하다

선남자　아 유 지 차 반 야 바 라 밀 보 장 엄 문
善男子야 我唯知此般若波羅蜜普莊嚴門이어니와

여 제 보 살 마 하 살　기 심 광 대　　등 허 공 계　　입
如諸菩薩摩訶薩은 其心廣大하야 等虛空界하며 入

어 법 계　　복 덕 성 만　　주 출 세 법　　원 세 간 행
於法界하야 福德成滿하며 住出世法하야 遠世間行하며

"선남자여, 나는 다만 이 반야바라밀다로 두루 장엄하는 문을 알거니와 모든 보살마하살은 그 마음이 광대하기 허공과 같고, 법계에 들어가 복덕이 만족하며, 출세간법에 머물러 세간의 행을 멀리하며,

지 안 무 예　　보 관 법 계　　혜 심 광 대　　유 여
智眼無翳하야 普觀法界하며 慧心廣大하야 猶如

허 공　　일 체 경 계　　실 개 명 견　　획 무 애 지 대 광
虛空하며 一切境界를 悉皆明見하며 獲無礙地大光

명장　　선능분별일체법의
明藏하며 善能分別一切法義하며

　　지혜의 눈이 걸림이 없어 법계를 두루 관찰하며, 지
혜의 마음이 광대하여 허공과 같으며, 모든 경계를 다
분명히 보며, 걸림 없는 지위의 큰 광명장을 얻어서 일
체 법과 뜻을 잘 분별하며,

행어세행　　불염세법　　능익어세　　비세
行於世行호대 不染世法하며 能益於世호대 非世

소괴　　보작일체세간의지　　보지일체중생심
所壞라 普作一切世間依止하며 普知一切衆生心

행　　수기소응　　이위설법　　어일체시　　항
行하며 隨其所應하야 而爲說法하며 於一切時에 恒

득자재　　이아운하능지능설피공덕행
得自在하나니 而我云何能知能說彼功德行이리오

　　세간의 행을 행하여도 세간법에 물들지 않으며, 능
히 세상을 이익하게 하되 세상을 파괴한 것이 아니며,
널리 모든 세간의 의지가 되고, 모든 중생의 마음을 두
루 알며, 그들에게 알맞게 법을 말하여 온갖 시기에 항

상 자유자재합니다. 그러나 제가 그 공덕의 행을 어떻게 알며 어떻게 말하겠습니까."

진정한 선지식은 누구나 그렇듯이 자행동녀 선지식도 역시 자신은 한없이 겸손하고 다른 선지식의 수승한 법을 추천하였다. 모든 보살마하살의 그 마음이 광대하기가 허공과 같고, 법계에 들어가 복덕이 만족하며, 출세간법에 머물러 세간의 행을 멀리하는 등의 법은 자신은 알지 못하는 일이라고 하였다.

5) 다음 선지식 찾기를 권유하다

善男子야 於此南方에 有一國土하니 名爲三眼
선 남 자   어 차 남 방   유 일 국 토   명 위 삼 안

이요 彼有比丘하니 名曰善見이니 汝詣彼問호대 菩薩
피 유 비 구   명 왈 선 견   여 예 피 문   보 살

이 云何學菩薩行이며 修菩薩道리잇고하라 時에 善財
운 하 학 보 살 행   수 보 살 도   시   선 재

동자 정례기족　요무수잡　연모첨앙
童子가 頂禮其足하며 繞無數币하고 戀慕瞻仰하야

사 퇴 이 행
辭退而行하니라

　"선남자여, 여기서 남쪽에 한 나라가 있으니 이름이
삼안三眼이요, 거기에 비구가 있으니 이름이 선견善見입
니다. 그대는 그에게 가서 묻되, '보살이 어떻게 보살의
행을 배우며 보살의 도道를 닦습니까?'라고 물으십시
오." 그때에 선재동자는 그의 발에 절하고 수없이 돌고
사모하여 우러러보면서 하직하고 떠났습니다.

　청량스님은 소疏에서 "제5 다음의 선지식을 지시하는 내
용의 나라 이름이 삼안三眼인 것은 보시가 수행의 으뜸이 되
어 다시 자신과 다른 이를 개도하는 데 마치 눈이 나머지 근
根들을 인도하듯이 할새 그러므로 이름이 눈이 된다. 재물
보시에 집착이 없어 혜안慧眼을 성취하고, 무외無畏의 보시로
자안慈眼을 성취하고, 법시法施로 법안法眼을 연다. 그러므로
셋이라 한다. 위의 세 가지 눈을 활용하면 보는 것마다 선善
이 되지 않는 것이 없다."[1)]라고 하였다. 이와 같은 삼안三眼

국토의 선견비구를 소개하였다.

---

1) 第五 指示後友：【國名三眼】者：施爲行首, 復開導自他, 如目導餘根, 故名爲
   眼：財施無著成於慧眼. 無畏之施成於慈眼. 法施開於法眼. 故復云三. 用上
   三眼見無不善.

문수지남도 제12, 선재동자가 선견비구를 친견하다.

【 십행위+行位 선지식 】

12. 선견비구 善見比丘

제1 환희행歡喜行 선지식

1) 선견비구를 뵙고 법을 묻다

(1) 선재동자의 사유

이시   선재동자   사유보살소주행심심
爾時에 善財童子가 思惟菩薩所住行甚深하며

사유보살소증법심심   사유보살소입처심심
思惟菩薩所證法甚深하며 思惟菩薩所入處甚深

      사유중생미세지심심   사유세간의상주
하며 思惟衆生微細智甚深하며 思惟世間依想住

심심
甚深하며

이때에 선재동자는 보살의 머물러 있는 행이 매우

깊음을 생각하고, 보살의 증득한 법이 매우 깊음을 생각하고, 보살의 들어간 곳이 매우 깊음을 생각하고, 중생의 미세한 지혜가 매우 깊음을 생각하고, 세간이 생각을 의지하여 머무름이 매우 깊음을 생각하고,

思惟衆生所作行甚深하며 思惟衆生心流注甚深하며 思惟衆生如光影甚深하며 思惟衆生名號甚深하며 思惟衆生言說甚深하며 思惟莊嚴法界甚深하며 思惟種植業行甚深하며 思惟業莊飾世間甚深하고 漸次遊行하니라

중생의 짓는 행이 매우 깊음을 생각하고, 중생의 마음 흐름이 매우 깊음을 생각하고, 중생의 그림자와 같음이 매우 깊음을 생각하고, 중생의 이름이 매우 깊음을 생각하고, 중생의 말이 매우 깊음을 생각하고, 장엄

한 법계가 매우 깊음을 생각하고, 갖가지로 심은 업과 행이 매우 깊음을 생각하고, 업으로 장식한 세간이 매우 깊음을 생각하면서 점점 남쪽으로 갔습니다.

선재동자가 자행동녀의 가르침을 13구절로 정리하여 사유하였다. 어느 시대나 공부를 잘하는 사람들은 스승으로부터 배운 내용을 간추리고 정리하는 데 뛰어나다. 선재동자는 역시 공부의 달인이다. 그래서 역대 모든 수행자들의 표준이며 본보기가 된다. 후인들은 선재동자의 수행하는 태도만 잘 배우고 수순하면 되리라.

(2) 선견비구의 용모와 덕화

至三眼國하야 於城邑聚落과 村隣市肆와 川原

山谷의 一切諸處에 周徧求覓善見比丘라가 見在

林中하야 經行往返하니

삼안국에 이르러서는 성읍과 마을과 골목과 저자와 내[川]와 언덕과 산골짜기 등 일체 모든 곳을 두루 다니며 선견비구를 찾다가 숲속에서 거닐며 왔다 갔다 하는 것을 보았습니다.

청량스님은 소疏에서, "제2 선지식을 친견하고 공경히 법을 묻는 내용[見敬咨問] 가운데 처음은 친견이고, 다음은 공경이고, 뒤는 질문이다. 친견하는 가운데 셋이니, 1, 몸의 수승한 모습을 친견하고, 2, 지혜智慧 이하는 그의 마음의 모습을 밝혔고, 3, 무량無量 이하는 모든 시종들을 밝혔다. 공경하고 질문하는 것은 알 수 있을 것이다."[2] 라고 하였다.

장년미모　　단정가희　　기발　　감청　　우선
壯年美貌가　端正可喜며　其髮이　紺靑하야　右旋

불란　　　　정유육계　　　피부금색　　　경문삼도
不亂하며　頂有肉髻하고　皮膚金色이며　頸文三道요

---

2) 第二. 見敬咨問中 : 先見. 次敬. 後問. 見中三 : 一 見身勝相. 二【智慧】下, 明其心相. 三【無量】下, 明諸侍從. 敬問可知.

액 광 평 정
額廣平正하며

　한창 나이에 용모가 아름답고 단정하여 보기에 반가
우며, 검푸른 머리카락이 오른쪽으로 돌아 어지럽지 아
니하고, 정수리에는 육계가 있고 피부가 금빛이요, 목
에는 세 줄무늬가 있고, 이마는 넓고 반듯하였습니다.

안 목 수 광　여 청 련 화　　순 구 단 결　　여 빈 바
眼目修廣이 **如靑蓮華**하며 **脣口丹潔**이 **如頻婆**

과　　흉 표 만 자　　칠 처 평 만　　기 비 섬 장　　기
果하며 **胸標卍字**하고 **七處平滿**하며 **其臂纖長**하고 **其**

지 망 만　　수 족 장 중　유 금 강 륜
指網縵하며 **手足掌中**에 **有金剛輪**하며

　눈은 길고도 넓어 푸른 연꽃 같고, 입술은 붉고 깨끗
하여 빈바나무 열매 같으며, 가슴에는 만卍 자가 있고,
일곱 군데가 평평하며, 팔은 가늘고도 길고 손가락에는
그물막이 있으며, 손바닥과 발바닥에는 금강 같은 바퀴
금이 있었습니다.

'상학相學에 안장유학眼長有學'이라 하였다. 눈이 마치 푸른 연꽃처럼 길게 생긴 사람은 학문이 있다는 뜻이다. 부처님의 가슴에 만卍 자 상이 있는데 선견비구도 그와 같다. 일곱 군데가 평평하다는 것은 두 손과 두 발과 두 어깨와 목이라고 하였다.

기신수묘 여정거천 상하단직 여니구
其身殊妙가 如淨居天하며 上下端直이 如尼拘

타수 제상수호 실개원만 여설산왕 종
陀樹하며 諸相隨好가 悉皆圓滿하야 如雪山王의 種

종엄식 목시불순 원광일심
種嚴節하며 目視不瞬하고 圓光一尋이라

몸은 유난히 아름다워 정거천淨居天 사람과 같고, 위와 아래가 곧고 단정하여 니구타尼拘陀 나무 같으며, 거룩한 모습과 잘생긴 모양이 모두 원만하여 설산과 같아 갖가지로 꾸미었고, 눈은 깜빡이지 않고 둥근 광명이 한 길이었습니다.

지혜 광박　유여대해　　어제경계　심무소
智慧廣博이 **猶如大海**하며 **於諸境界**에 **心無所**

동　약침약거　약지비지　동전희론　일체
動하며 **若沈若擧**와 **若智非智**의 **動轉戲論**이 **一切**

개식　득불소행평등경계
皆息하며 **得佛所行平等境界**하며

지혜는 넓어 큰 바다와 같아 여러 경계에 마음이 흔들리지 않으며, 잠기고 일어남과 지혜와 지혜 아님의 움직임과 부질없는 말이 모두 쉬어서 부처님이 행하시던 평등한 경계를 얻었습니다.

지혜智慧 이하는 선견비구의 마음의 모습을 밝힌 내용이다.

대비교화일체중생　　심무잠사　　위욕이
大悲教化一切衆生하야 **心無暫捨**하며 **爲欲利**

락일체중생　　위욕개시여래법안　　위천여
樂一切衆生하며 **爲欲開示如來法眼**하며 **爲踐如**

래 소 행 지 도　　부 지 불 속　　심 체 경 행
來所行之道하야 **不遲不速**으로 **審諦經行**할새

　크게 가엾이 여김으로 일체 중생을 교화하여 잠깐도
버리지 않으며, 일체 중생을 이롭고 즐겁게 하고자 하
며, 여래의 법의 눈을 열어 보이고자 하며, 여래의 행하
던 길을 밟고자 해서 느리지도 않고 빠르지도 않게 자
세히 살피며 경행經行하였습니다.

　　무 량 천 룡 야 차 건 달 바 아 수 라 가 루 라 긴 나 라
　　無量天龍夜叉乾闥婆阿修羅迦樓羅緊那羅

마 후 라 가　　석 범 호 세　　인 여 비 인　　전 후 위 요
摩睺羅伽와 **釋梵護世**와 **人與非人**이 **前後圍繞**하며

주 방 지 신　　수 방 회 전　　인 도 기 전
主方之神이 **隨方廻轉**하야 **引導其前**하며

　한량없는 천신과 용과 야차와 건달바와 아수라와 가
루라와 긴나라와 마후라가와 제석과 범천왕과 사천왕과
사람과 사람 아닌 이들이 앞뒤에서 호위하였고, 방위를
맡은 신들이 방위를 따라 돌면서 그 앞을 인도하였습니다.

무량無量 이하는 모든 시종들을 밝힌 내용이다.

족 행 제 신　　지 보 련 화　　이 승 기 족　　무 진
足行諸神이 持寶蓮華하야 以承其足하며 無盡

광 신　　서 광 파 암　　염 부 당 림 신　　우 중 잡 화
光神이 舒光破暗하며 閻浮幢林神이 雨衆雜華하며

부 동 장 지 신　　현 제 보 장
不動藏地神이 現諸寶藏하며

　발로 다니는 모든 신은 보배 연꽃을 가지고 발을 받
들고, 그지없는 광명 신장은 빛을 내어 어둠을 깨뜨리
며, 염부당閻浮幢 숲을 맡은 신은 여러 가지 꽃을 비처럼
내리고, 부동장不動藏 땅을 맡은 신은 모든 보배 창고를
나타내었습니다.

보 광 명 허 공 신　　장 엄 허 공　　성 취 덕 해 신
普光明虛空神이 莊嚴虛空하며 成就德海神이

우 마 니 보　　무 구 장 수 미 산 신　　두 정 예 경　　곡
雨摩尼寶하며 無垢藏須彌山神이 頭頂禮敬하야 曲

궁 합 장　　무 애 력 풍 신　　우 묘 향 화
躬合掌하며 無礙力風神이 雨妙香華하며

　두루 빛나는 허공 맡은 신은 허공을 장엄하고, 덕을
성취한 바다 맡은 신은 마니보배를 비처럼 내리며, 때
없는 창고 수미산 신은 엎드려 예배하고 허리를 굽혀
합장하며, 걸림 없는 힘 바람 맡은 신은 미묘한 향과 꽃
을 비처럼 내리었습니다.

춘 화 주 야 신　　장 엄 기 신　　　거 체 투 지　　　상
春和主夜神이 莊嚴其身하야 擧體投地하며 常

각 주 주 신　　집 보 조 제 방 마 니 당　　주 재 허 공
覺主晝神이 執普照諸方摩尼幢하고 住在虛空하야

방 대 광 명
放大光明하니라

　춘화春和 밤 맡은 신은 그 몸을 장엄하고 온몸을 땅에
엎드리며, 항상 깨달은 낮 맡은 신은 여러 방위를 두루
비추는 마니당기를 들고 허공에 머물러 있으면서 큰 광
명을 놓았습니다.

이와 같이 선견비구는 외모나 마음이나 그를 따르는 시종이나 모두가 보살로서의 덕화와 격을 충분히 갖춘 비구 선지식이다.

(3) 선재동자가 법을 묻다

時_에 善財童子_가 詣比丘所_{하야} 頂禮其足_{하며} 曲
躬合掌_{하고} 白言_{호대} 聖者_여 我已先發阿耨多羅三
藐三菩提心_{하야} 求菩薩行_{하노니} 我聞聖者_는 善能
開示諸菩薩道_{라하니} 願爲我說_{하소서} 菩薩_이 云何
學菩薩行_{이며} 云何修菩薩道_{리잇고}

이때에 선재동자가 선견비구에게 나아가 엎드려 발에 절하고 허리 굽혀 합장하고 말하였습니다. "거룩하신 이여, 저는 이미 아뇩다라삼먁삼보리심을 내었으며 보살의 행을 구합니다. 제가 들으니 거룩하신 이께서 보

살의 도道를 잘 열어 보이신다 하오니, 바라옵건대 저를
위하여 보살이 어떻게 보살의 행을 배우며 어떻게 보살
의 도를 닦는지를 말씀하여 주십시오."

모든 수행자들이 영원한 화두로 삼아야 할 것은 역시 보
살행과 보살도이다. 보살행을 떠나서 불법을 말할 수 없으
며, 보살도를 떠나서 불교를 논할 수 없다는 뜻이다. 그러
므로 일체 불자는 이 보살행과 보살도를 천번 만번 마음에
새겨야 할 것이다.

2) 선견비구가 법을 설하다

(1) 여러 부처님 처소에서 범행梵行을 닦다

선견   답언   선남자   아년   기소   출
善見이 答言하사대 善男子야 我年이 旣少하며 出

가우근   아차생중   어삼십팔항하사불소
家又近이라 我此生中에 於三十八恒河沙佛所에

정 수 범 행
淨修梵行호대

　선견비구가 대답하였습니다. "선남자여, 저는 나이
도 젊었고 출가한 지도 오래지 않거니와 제가 이생에서
삼십팔 항하강의 모래 수 부처님 처소에서 범행梵行을
청정하게 닦았습니다."

혹유불소　일일일야　정수범행　　혹유불
或有佛所엔 一日一夜에 淨修梵行하며 或有佛

소　　칠일칠야　정수범행　　혹유불소　　반월
所엔 七日七夜에 淨修梵行하며 或有佛所엔 半月

일월　일세백세　만세억세　나유타세　내지
一月과 一歲百歲와 萬歲億歲와 那由他歲와 乃至

불가설불가설세　혹일소겁　혹반대겁　혹일
不可說不可說歲와 或一小劫과 或半大劫과 或一

대겁　혹백대겁　내지불가설불가설대겁
大劫과 或百大劫과 乃至不可說不可說大劫에

　"혹 어떤 부처님 처소에서는 1일 1야 동안 범행을 청
정하게 닦았으며, 혹 어떤 부처님 처소에서는 7일 7야

동안 범행을 청정하게 닦았으며, 혹 어떤 부처님 처소
에서는 반 달, 한 달과 일 년, 백 년과 만 년, 억 년과
나유타 년과 내지 말할 수 없이 말할 수 없는 년과 혹
한 소겁과 혹 반 대겁과 혹 한 대겁과 혹 백 대겁과 내
지 말할 수 없이 말할 수 없는 대겁을 지냈습니다."

청문묘법   수행기교   장엄제원   입소
聽聞妙法하고 **受行其教**하며 **莊嚴諸願**하야 **入所**

증처   정수제행   만족육종바라밀해
證處하며 **淨修諸行**하야 **滿足六種波羅蜜海**하며

"미묘한 법을 듣고, 그 가르침을 받들어 행하며, 모
든 서원을 장엄하고, 증득할 곳에 들어가 모든 행을 청
정하게 닦아서, 여섯 가지 바라밀다 바다를 만족하였습
니다."

역견피불   성도설법   각각차별   무유잡
亦見彼佛의 **成道說法**이 **各各差別**호대 **無有雜**

란　　주지유교　　내지멸진
亂과 住持遺教와 乃至滅盡하며

　"또 그 부처님들이 성도하고 법을 설하심이 각각 차별하되 어지럽지 아니하며, 남기신 가르침을 머물러 가지어 열반하는 데까지 이름을 보았습니다."

　　　역지피불　　본소흥원　　이삼매원력　　엄정
　　　亦知彼佛의 本所興願이 以三昧願力으로 嚴淨

일체제불국토　　　이입일체행삼매력　　　정수
一切諸佛國土하며 以入一切行三昧力으로 淨修

일체제보살행　　　이보현승출리력　　　청정일
一切諸菩薩行하며 以普賢乘出離力으로 淸淨一

체불바라밀
切佛波羅蜜호라

　"또 저 부처님의 본래 세운 서원과 삼매의 원력으로 모든 부처님의 국토를 깨끗이 장엄하며, 일체 행의 삼매에 들어간 힘으로 일체 모든 보살의 행을 청정히 닦았으며, 보현의 법으로 벗어나는 힘으로써 일체 부처님의 바라밀다를 청정히 하심을 알았습니다."

선재동자가 선견비구 선지식을 찾아가서 법을 물었다. 선견비구는 여러 부처님 처소에서 범행梵行을 닦은 이야기를 하면서 "저는 나이도 젊었고 출가한 지도 오래지 않거니와 제가 이생에서 삼십팔 항하강의 모래 수 부처님 처소에서 범행을 청정하게 닦았다."라고 하였다. 도대체 수행을 얼마나 해야 많이 한 것이며 오래한 것인가. 실로 깨달은 사람들의 의식세계에서는 시간이란 그와 같을 것이다. 한량없는 오랜 겁도 한순간이라 하지 않던가.

(2) 잠깐 동안에 한량없는 법을 성취하다

우 선 남 자   아 경 행 시   일 념 중   일 체 시 방   개
又善男子야 我經行時에 一念中에 一切十方이 皆

실 현 전   지 혜 청 정 고
悉現前하니 智慧淸淨故며

"또 선남자여, 제가 경행經行할 적에 잠깐 동안에 일체 시방이 다 앞에 나타났으니, 지혜가 청정한 연고입니다."

한량없는 오랜 겁도 한순간이라는 이치를 철저히 드러내는 것이 선견비구 선지식이 성취한 법의 특징이다. 잠깐 동안에 한량없는 법을 성취한 내용들을 낱낱이 밝힌다.

일 념 중　일 체 세 계　개 실 현 전　경 과 불 가
一念中에 一切世界가 皆悉現前하니 經過不可

설 불 가 설 세 계 고
說不可說世界故며

　"잠깐 동안에 모든 세계가 앞에 나타났으니, 말할 수 없이 말할 수 없는 세계를 지나간 연고입니다."

일 념 중　불 가 설 불 가 설 불 찰　개 실 엄 정
一念中에 不可說不可說佛刹이 皆悉嚴淨하니

성 취 대 원 력 고
成就大願力故며

　"잠깐 동안에 말할 수 없이 말할 수 없는 부처님 세계가 모두 깨끗이 장엄되었으니, 큰 서원 힘을 성취한 연고입니다."

일 념 중　　불 가 설 불 가 설 중 생 차 별 행　　개 실
一念中에 不可說不可說衆生差別行이 皆悉

현 전　　　만 족 십 력 지 고
現前하니 滿足十力智故며

"잠깐 동안에 말할 수 없이 말할 수 없는 중생의 차
별한 행이 모두 앞에 나타났으니, 열 가지 힘의 지혜를
만족한 연고입니다."

일 념 중　　불 가 설 불 가 설 제 불 청 정 신　　개 실
一念中에 不可說不可說諸佛淸淨身이 皆悉

현 전　　　성 취 보 현 행 원 력 고
現前하니 成就普賢行願力故며

"잠깐 동안에 말할 수 없이 말할 수 없는 모든 부처
님의 청정한 몸이 앞에 나타났으니, 보현의 행과 원의
힘을 성취한 연고입니다."

일념중　　공경공양불가설불가설불찰미진
一念中에 恭敬供養不可說不可說佛刹微塵

수여래　　성취유연심공양여래원력고
數如來하니 成就柔軟心供養如來願力故며

"잠깐 동안에 말할 수 없이 말할 수 없는 세계의 미
진수 여래께 공경하고 공양하였으니, 부드러운 마음으
로 여래께 공양하려는 서원의 힘을 성취한 연고입니다."

일념중　　영수불가설불가설여래법　　득증
一念中에 領受不可說不可說如來法하니 得證

아승지차별법　　주지법륜다라니력고
阿僧祇差別法하야 住持法輪陀羅尼力故며

"잠깐 동안에 말할 수 없이 말할 수 없는 여래의 법
을 받나니, 아승지의 차별한 법을 증득하여 법륜을 유
지하는 다라니의 힘을 얻은 연고입니다."

일념중　　불가설불가설보살행해　　개실현
一念中에 不可說不可說菩薩行海가 皆悉現

전 득능정일체행여인다라망원력고
前하니 得能淨一切行如因陀羅網願力故며

"잠깐 동안에 말할 수 없이 말할 수 없는 보살의 수
행 바다가 모두 앞에 나타나나니, 모든 행을 깨끗이 하
여 인드라그물과 같은 서원의 힘을 얻은 연고입니다."

일념중 불가설불가설제삼매해 개실현
一念中에 不可說不可說諸三昧海가 皆悉現

전 득어일삼매문 입일체삼매문 개령청
前하니 得於一三昧門에 入一切三昧門하야 皆令淸

정원력고
淨願力故며

"잠깐 동안에 말할 수 없이 말할 수 없는 삼매 바다
가 모두 앞에 나타나나니, 한 삼매문에서 모든 삼매문에
들어가서 서원의 힘을 모두 청정케 하는 연고입니다."

일념중 불가설불가설제근해 개실현전
一念中에 不可說不可說諸根海가 皆悉現前하니

득 요 지 제 근 제　　어 일 근 중　　견 일 체 근 원 력 고
得了知諸根際하야 **於一根中**에 **見一切根願力故**며

"잠깐 동안에 말할 수 없이 말할 수 없는 여러 근성
바다가 모두 앞에 나타나나니, 모든 근성의 경계를 알
고 한 근성에서 여러 근성을 보는 서원의 힘을 얻은 연
고입니다."

일 념 중　　불 가 설 불 가 설 불 찰 미 진 수 시　　개 실
一念中에 **不可說不可說佛剎微塵數時**가 **皆悉**

현 전　　득 어 일 체 시　　전 법 륜　　중 생 계 진
現前하니 **得於一切時**에 **轉法輪**하야 **衆生界盡**호대

법 륜 무 진 원 력 고
法輪無盡願力故며

"잠깐 동안에 말할 수 없이 말할 수 없는 세계의 미
진수 시간이 앞에 나타나나니, 모든 시간에 법륜을 굴
리는데 중생계는 다하여도 법륜은 다함이 없는 원력을
얻은 연고입니다."

일 념 중　　불 가 설 불 가 설 일 체 삼 세 해　　개 실
一念中에 不可說不可說一切三世海가 皆悉

현 전　　득 요 지 일 체 세 계 중 일 체 삼 세 분 위 지 광
現前하니 得了知一切世界中一切三世分位智光

명 원 력 고
明願力故니라

　"잠깐 동안에 말할 수 없이 말할 수 없는 모든 세 세
상 바다가 앞에 나타나나니, 모든 세계에서 모든 세 세
상의 나뉘는 지위를 분명히 아는 지혜 광명과 원력을
얻은 연고입니다."

　그러므로 의상조사의 법성게에서, "한량없는 오랜 겁이
곧 잠깐 동안이며 잠깐 동안이 곧 한량없는 오랜 겁이라, 구
세九世와 십세十世가 서로서로 연결되어 있으나 결코 뒤섞이
지 아니하면서 서로 달리 이루어졌도다."[3]라고 하였다.

---

3) 無量遠劫卽一念 一念卽是無量劫 九世十世互相卽 仍不雜亂隔別成.

3) 자기는 겸손하고 다른 이의 수승함을 추천하다

선남자 아유지차보살수순등해탈문
善男子야 **我唯知此菩薩隨順燈解脫門**이어니와

여제보살마하살 여금강등 어여래가 진
如諸菩薩摩訶薩은 **如金剛燈**하야 **於如來家**에 **眞**

정수생 구족성취불사명근 상연지등
正受生하야 **具足成就不死命根**하며 **常燃智燈**하야

무유진멸
無有盡滅하며

"선남자여, 나는 다만 이 보살이 수순하는 등불의 해탈문을 알거니와 모든 보살마하살이 금강 등불과 같아서 여래의 가문에 참되고 바르게 태어나서 죽지 않는 목숨을 구족하게 성취하며, 지혜의 등불을 항상 켜서 꺼질 때가 없으며,

기신견고 불가저괴 현어여환색상지
其身堅固하야 **不可沮壞**하며 **現於如幻色相之**

신   여연기법무량차별   수중생심   각각
身호대 如緣起法無量差別하며 隨衆生心하야 各各

시현   형모색상   세무윤필
示現호대 形貌色相이 世無倫匹하며

그 몸이 견고하여 파괴할 수 없고, 환술과 같은 색상
의 몸을 나타냄이 마치 인연으로 생기는 법이 한량없이
차별한 것 같으며, 중생의 마음을 따라 제각기 형상과
모습을 나타내어 세상에 짝할 이 없으며,

독인화재   소불능해   여금강산   무능괴
毒刃火災의 所不能害며 如金剛山하야 無能壞

자   항복일체제마외도   기신묘호   여진
者하며 降伏一切諸魔外道하며 其身妙好가 如眞

금산   어천인중   최위수특   명칭광대
金山하야 於天人中에 最爲殊特하며 名稱廣大하야

미불문지
靡不聞知하며

독이나 칼이나 화재로도 해할 수 없음이 금강산과
같아서 파괴할 수 없으며, 일체 모든 마魔와 외도를 항

복받으며, 그 몸이 훌륭하기가 진금산과 같아서 천신과 인간 가운데 가장 뛰어나며, 소문이 멀리 퍼져서 듣지 못하는 이가 없으며,

관제세간   함대목전   연심법장   여해
觀諸世間하야 咸對目前하며 演深法藏하야 如海

무진   방대광명   보조시방   약유견자
無盡하며 放大光明하야 普照十方하야 若有見者면

필파일체장애대산
必破一切障礙大山하며

모든 세간을 보되 눈앞에 대한 듯하며, 깊은 법장法藏을 연설함이 바다가 다하지 않는 것 같으며, 큰 광명을 놓아 시방을 두루 비추니 만일 보는 이가 있으면 반드시 모든 장애의 산을 무너뜨리며,

필발일체불선근본   필령종식광대선근
必拔一切不善根本하며 必令種植廣大善根하나니

여시지인　　난가득견　　난가출세　　이아운하
如是之人은 難可得見이며 難可出世니 而我云何

능지능설피공덕행
能知能說彼功德行이리오

　반드시 모든 착하지 못한 근본을 뽑아 버리며, 반드
시 광대한 착한 뿌리를 심으리니, 이와 같은 사람은 보
기도 어렵고 세상에 출현하기도 어렵거늘 제가 어떻게
그 공덕의 행을 능히 알며 능히 말할 수 있겠습니까.”

　자신이 스스로 다른 선지식의 공덕의 행을 알지도 못하
고 설명할 수도 없다고 하면서 실은 다른 선지식의 수승하
고 위대한 법을 그와 같이 소상하게 설명하는 것은 무슨 의
미인가. 참으로 알 수 없는 이치이다.

4) 다음 선지식 찾기를 권유하다

선남자　　어차남방　　유일국토　　　명왈명문
善男子야 於此南方에 有一國土하니 名曰名聞

이요 於河渚中에 有一童子하니 名自在主니 汝詣彼
어 하 저 중 유 일 동 자 명 자 재 주 여 예 피

問호대 菩薩이 云何學菩薩行이며 修菩薩道리잇고하라
문 보 살 운 하 학 보 살 행 수 보 살 도

"선남자여, 여기에서 남쪽으로 가면 한 나라가 있으니 이름이 명문名聞이요, 물가에 한 동자가 있으니 이름이 자재주自在主입니다. 그대는 그에게 가서 '보살이 어떻게 보살의 행을 배우며 보살의 도를 닦습니까?'라고 물으십시오."

5) 덕을 사모하여 예배하고 물러가다

時에 善財童子가 爲欲究竟菩薩勇猛淸淨之
시 선 재 동 자 위 욕 구 경 보 살 용 맹 청 정 지

行하며 欲得菩薩大力光明하며 欲修菩薩無勝無
행 욕 득 보 살 대 력 광 명 욕 수 보 살 무 승 무

盡諸功德行하며 欲滿菩薩堅固大願하며 欲成菩
진 제 공 덕 행 욕 만 보 살 견 고 대 원 욕 성 보

살 광 대 심 심   욕 지 보 살 무 량 승 행
薩廣大深心하며 **欲持菩薩無量勝行**하며

   그때에 선재동자는 보살의 용맹하고 청정한 행을 완성하고자 하며, 보살의 큰 힘과 광명을 얻고자 하며, 보살의 이길 이 없고 다함이 없는 공덕의 행을 닦고자 하며, 보살의 견고한 큰 원을 만족케 하고자 하며, 보살의 넓고 크고 깊은 마음을 이루고자 하며, 보살의 한량없이 훌륭한 행을 가지고자 하며,

어 보 살 법   심 무 염 족   원 입 일 체 보 살 공 덕
於菩薩法에 **心無厭足**하며 **願入一切菩薩功德**

욕 상 섭 어 일 체 중 생   욕 초 생 사 조 림 광 야
하며 **欲常攝御一切衆生**하며 **欲超生死稠林曠野**하야

어 선 지 식   상 락 견 문   승 사 공 양   무 유 염 권
於善知識에 **常樂見聞**하고 **承事供養**호대 **無有厭倦**

정 례 기 족   요 무 량 잡   은 근 첨 앙   사
하야 **頂禮其足**하며 **繞無量帀**하며 **殷勤瞻仰**하고 **辭**

퇴 이 거
退而去하니라

보살의 법에 싫어하는 생각이 없고, 모든 보살의 공덕에 들어가기를 원하며, 모든 중생을 거두어 제어하고자 하며, 생사의 숲과 벌판에서 초월하고자 하며, 선지식을 항상 뵈옵고 법을 듣고, 받들어 섬기고 공양하는데 게으른 생각이 없어서 그의 발에 절하고 한량없이 돌고 은근하게 앙모하면서 하직하고 물러갔습니다.

모든 생명체는 살아갈수록 더 성장하고자 하는 것이 생명의 본질이다. 사람도 돈을 벌면 벌수록 더 많이 벌고자 하고, 공부를 하면 할수록 더 많이 하고자 하고, 보살행도 하면 할수록 더 많이 하고자 한다. 보살 수행자의 가장 표준이 되는 선재동자가 앞에서 열거한 일체 보살행을 더욱더 하고자 하는 것은 매우 당연한 이치이리라.

문수지남도 제13, 선재동자가 자재주동자를 친견하다.

13. 자재주동자 自在主童子

제2 요익행饒益行 선지식

1) 가르침에 의지하여 다음 선지식을 찾다

爾時에 善財童子가 受善見比丘教已하고 憶念
誦持하며 思惟修習하며 明了決定하야 於彼法門에
而得悟入하야

이때에 선재동자는 선견비구의 가르침을 받고 기억
하고 외우고 생각하고 익혀서 명료하게 하고 확실하게
하여 그 법문에 깨달아 들어갔습니다.

천 룡 야 차 건 달 바 중　　전 후 위 요　　　향 명 문 국
天龍夜叉乾闥婆衆이 **前後圍繞**하고 **向名聞國**

　　　주 변 구 멱 자 재 주 동 자　　　시　　유 천 룡 건 달 바
하야 **周徧求覓自在主童子**러니 **時**에 **有天龍乾闥婆**

등　　어 허 공 중　　고 선 재 언　　　선 남 자　　금 차 동
等이 **於虛空中**에 **告善財言**호대 **善男子**야 **今此童**

자　　재 하 저 상
子가 **在河渚上**이라하니라

　　천신과 용과 야차와 건달바 무리에게 앞뒤로 둘러싸여 명문국으로 향하면서 자재주동자를 두루 찾았습니다. 이때에 천신과 용과 건달바들이 공중에서 선재동자에게 말하기를, "선남자여, 지금 이 동자는 물가에 있습니다."라고 하였습니다.

2) 자재주동자를 뵙고 법을 묻다

이 시　　선 재　　즉 예 기 소　　　견 차 동 자　　십 천
爾時에 **善財**가 **卽詣其所**하야 **見此童子**하니 **十千**

童子의 所共圍繞로 聚沙爲戲어늘 善財가 見已하고

頂禮其足하며 繞無量帀하며 合掌恭敬하고 却住一

面하야 白言호대 聖者여 我已先發阿耨多羅三藐三

菩提心호니 而未知菩薩이 云何學菩薩行이며 云何

修菩薩道리잇고 願爲解說하소서

그때에 선재동자가 그곳에 나아가 이 동자를 보니 십천 동자에게 둘러싸여 모래를 모아 장난을 하고 있었습니다. 선재는 친견하고 나서 그의 발에 절하고 한량없이 돌고 합장하고 공경하면서 한 곁에 서서 말하였습니다. "거룩하신 이여, 저는 이미 아뇩다라삼먁삼보리심을 내었으나 보살이 어떻게 보살의 행을 배우며 어떻게 보살의 도를 닦는지를 알지 못합니다. 원컨대 말씀하여 주십시오."

앞의 선지식이 가르쳐 주신 이번의 선지식은 물가에서 또래의 동자들과 모래장난을 하고 노는, 그야말로 아이요 동자다. 그러나 선재동자는 다른 선지식에게서와 같이 그의 발에 절하고 한량없이 돌고 합장하고 공경하면서 한 곁에 서서 그에게 보살행이 무엇인가에 대해서 물었다.

공자孔子가 위衛나라 대부大夫였던 공어孔圉라는 사람을 평하면서 "그는 영민하고 배우기를 좋아하여 아랫사람에게도 묻기를 부끄러워하지 않았다[敏而好學 不恥下問]."라고 하였다. 실로 이 말씀은 누구나 평생을 두고 귀감으로 삼아야 할 말이다. 하물며 선재동자이겠는가.

3) 자재주동자가 법을 설하다

(1) 온갖 공교한 신통법문에 깨달아 들어가다

自在主가 言하사대 善男子야 我昔曾於文殊師利童子所에 修學書數算印等法하야 卽得悟入一切工巧神通智法門호라

자재주동자가 말하였습니다. "선남자여, 나는 옛날에 문수사리동자에게서 글씨와 수학과 산수와 결인結印 따위의 법을 배워서 온갖 공교한 신통법문에 깨달아 들어감을 얻었습니다."

선 남 자　아 인 차 법 문 고　득 지 세 간 서 수 산 인
善男子야 **我因此法門故**로 **得知世間書數算印**

계 처 등 법
界處等法하며

"선남자여, 나는 이 법문을 인하여 세간의 글씨와 수학과 산수와 결인과 십팔계와 십이처 등의 법을 알았습니다."

역 능 요 치 풍 간 소 수 귀 매 소 착　여 시 소 유 일
亦能療治風癎消瘦鬼魅所着한 **如是所有一**

체 제 병
切諸病하며

"또 풍병과 간질과 조갈과 귀신이 붙은 등의 이와 같

은 모든 병을 치료합니다."

역능조립성읍취락　　원림대관　　궁전옥택
亦能造立城邑聚落과 **園林臺觀**과 **宮殿屋宅**의

종종제처
種種諸處하며

"또 성읍城邑과 마을과 동산과 누각과 궁전과 가옥 등
가지가지를 모든 곳에 세우기도 합니다."

역선조연종종선약
亦善調鍊種種仙藥하며

"또 갖가지 선약을 잘 만들기도 합니다."

역선영리전농상고　　일체제업　　　취사진퇴
亦善營理田農商賈의 **一切諸業**하야 **取捨進退**

함득기소
에 **咸得其所**하며

"또 전장과 농사와 장사하는 일체 모든 직업을 잘 경영하기도 하며, 취하고 버리고 나아가고 물러나는 일에 모두 적당한 바를 다 합니다."

우선별지중생신상　작선작악　당생선취
又善別知衆生身相의 作善作惡에 當生善趣하고

당생악취　차인　응득성문승도　차인　응득
當生惡趣와 此人은 應得聲聞乘道와 此人은 應得

연각승도　차인　응입일체지지　여시등사
緣覺乘道와 此人은 應入一切智地하야 如是等事

개실능지
를 皆悉能知하며

"또 중생들의 신상身相을 잘 분별하여 알며, 선을 짓고 악을 지어 착한 길에 태어나고 나쁜 길에 태어날 것을 알며, 이 사람은 응당 성문승의 도를 얻고, 이 사람은 응당 연각승의 도를 얻고, 이 사람은 응당 일체 지혜의 경지에 들어가는 이와 같은 일을 다 잘 압니다."

역령중생　　　학습차법　　증장결정　　　구경
亦令衆生으로 **學習此法**하야 **增長決定**하야 **究竟**

청정
清淨케호라

　"또한 중생들에게 이런 법을 배우도록 해서 증장케
하고 결정케 하여 구경에 청정하게 하였습니다."

　물가에서 또래의 아이들과 모래장난이나 하는 한갓 동
자인데 어찌하여 이와 같은 능력과 법이 있는가. 실로 그 이
름 그대로 자재주동자自在主童子로다.

　(2) 계산하는 법을 알다

　선 남 자　　아 역 능 지 보 살 산 법　　　소 위 일 백
　善男子야 **我亦能知菩薩算法**하노니 **所謂一百**

낙 차　　위 일 구 지　　구 지 구 지　　위 일 아 유 다　　아
洛叉가 **爲一俱胝**며 **俱胝俱胝**가 **爲一阿庾多**며 **阿**

유 다 아 유 다　　위 일 나 유 타
庾多阿庾多가 **爲一那由他**며

　"선남자여, 저는 또 보살의 계산하는 법을 알았으니,

이른바 일백 낙차가 한 구지요, 구지씩 구지가 한 아유
다요, 아유다씩 아유다가 한 나유타요,

나유타나유타　　위일빈바라　　빈바라빈바라
那由他那由他가　爲一頻婆羅며　頻婆羅頻婆羅

위일긍갈라　　광설내지우발라우발라　　위일
가　爲一矜羯羅며　廣說乃至優鉢羅優鉢羅가　爲一

파두마　　파두마파두마　　위일승지
波頭摩며　波頭摩波頭摩가　爲一僧祇며

나유타씩 나유타가 한 빈바라요, 빈바라씩 빈바라가
한 긍갈라요, 널리 말하여 내지 우발라씩 우발라가 한
파두마요, 파두마씩 파두마가 한 아승지요,

승지승지　　위일취　　취취　　위일유　　유유
僧祇僧祇가　爲一趣며　趣趣가　爲一喩며　喩喩가

위일무수　　무수무수　　위일무수전　　무수전
爲一無數며　無數無數가　爲一無數轉이며　無數轉

무 수 전　　위 일 무 량
無數轉이 **爲一無量**이며

　아승지씩 아승지가 한 취趣요, 취씩 취가 한 비유요,
비유씩 비유가 한 무수無數요, 무수씩 무수가 한 무수 곱
이요, 무수 곱씩 무수 곱이 한 한량없음이요,

무 량 무 량　　위 일 무 량 전　　　무 량 전 무 량 전
無量無量이 **爲一無量轉**이며 **無量轉無量轉**이

위 일 무 변　　무 변 무 변　　위 일 무 변 전　　　무 변 전
爲一無邊이며 **無邊無邊**이 **爲一無邊轉**이며 **無邊轉**

무 변 전　　위 일 무 등
無邊轉이 **爲一無等**이며

　한량없음씩 한량없음이 한 한량없음 곱이요, 한량없
음 곱씩 한량없음 곱이 한 그지없음이요, 그지없음씩
그지없음이 한 그지없음 곱이요, 그지없음 곱씩 그지없
음 곱이 한 같을 이 없음이요,

무등무등　　위일무등전　　무등전무등전
無等無等이 爲一無等轉이며 無等轉無等轉이

위일불가수　　불가수불가수　　위일불가수전
爲一不可數며 不可數不可數가 爲一不可數轉이며

불가수전불가수전　　위일불가칭
不可數轉不可數轉이 爲一不可稱이며

　같을 이 없음씩 같을 이 없음이 한 같을 이 없음 곱이
요, 같을 이 없음 곱씩 같을 이 없음 곱이 한 셀 수 없음
이요, 셀 수 없음씩 셀 수 없음이 한 셀 수 없음 곱이요,
셀 수 없음 곱씩 셀 수 없음 곱이 한 일컬을 수 없음이요,

불가칭불가칭　　위일불가칭전　　　불가칭전
不可稱不可稱이 爲一不可稱轉이며 不可稱轉

불가칭전　　위일불가사　　불가사불가사　　위일
不可稱轉이 爲一不可思며 不可思不可思가 爲一

불가사전　　불가사전불가사전　　위일불가량
不可思轉이며 不可思轉不可思轉이 爲一不可量이며

　일컬을 수 없음씩 일컬을 수 없음이 한 일컬을 수 없
음 곱이요, 일컬을 수 없음 곱씩 일컬을 수 없음 곱이

한 생각할 수 없음이요, 생각할 수 없음씩 생각할 수 없음이 한 생각할 수 없음 곱이요, 생각할 수 없음 곱씩 생각할 수 없음 곱이 한 헤아릴 수 없음이요,

불가량불가량　위일불가량전　불가량전
不可量不可量이 爲一不可量轉이며 不可量轉

불가량전　위일불가설　불가설불가설　위
不可量轉이 爲一不可說이며 不可說不可說이 爲

일불가설전
一不可說轉이며

헤아릴 수 없음씩 헤아릴 수 없음이 한 헤아릴 수 없음 곱이요, 헤아릴 수 없음 곱씩 헤아릴 수 없음 곱이 한 말할 수 없음이요, 말할 수 없음씩 말할 수 없음이 한 말할 수 없음 곱이요,

불가설전불가설전　위일불가설불가설
不可說轉不可說轉이 爲一不可說不可說이며

차우불가설불가설　위일불가설불가설전
此又不可說不可說이 爲一不可說不可說轉이니라

　말할 수 없음 곱씩 말할 수 없음 곱이 한 말할 수 없
이 말할 수 없음이요, 이것을 또 말할 수 없이 말할 수
없음이 한 말할 수 없이 말할 수 없음 곱입니다.”

선남자　아이차보살산법　　산무량유순
善男子야 我以此菩薩算法으로 算無量由旬의

광대사취　　실지기내　과립다소　　역능산지
廣大沙聚하야 悉知其內에 顆粒多少하며 亦能算知

동방소유일체세계　종종차별　차제안주　　남
東方所有一切世界의 種種差別과 次第安住하고 南

서북방　사유상하　　역부여시
西北方과 四維上下도 亦復如是하며

　“선남자여, 저는 이 보살의 산수하는 법으로 한량없는
유순의 광대한 모래 더미를 계산하여 그 안에 있는 알맹
이 수효를 다 알고, 또 동방에 있는 모든 세계의 갖가지
차별과 차례로 머물러 있음을 계산하여 알며, 남방과 서
방과 북방과 네 간방과 상방과 하방도 그와 같이 압니다.”

역 능 산 지 시 방 소 유 일 체 세 계 광 협 대 소 급
亦能算知十方所有一切世界의 廣狹大小와 及

이 명 자 기 중 소 유 일 체 겁 명 일 체 불 명 일
以名字하야 其中所有一切劫名과 一切佛名과 一

체 법 명 일 체 중 생 명 일 체 업 명 일 체 보 살 명
切法名과 一切衆生名과 一切業名과 一切菩薩名

일 체 제 명 개 실 요 지
과 一切諦名을 皆悉了知하노라

"또한 시방에 있는 모든 세계의 넓고 좁고 크고 작음과 그리고 이름과 그 가운데 있는 모든 겁의 이름과 모든 부처님의 이름과 모든 법의 이름과 모든 중생의 이름과 모든 업의 이름과 모든 보살의 이름과 모든 진리의 이름을 다 분명히 압니다."

자재주동자가 말하기를 자신은 계산하는 법이나 수학을 잘한다고 하였다. 아이들과 물가의 모래로 놀이를 한 것이 아니라 계산하는 법을 수련하고 있었던 것이다. "보살의 산수하는 법으로 한량없는 유순의 광대한 모래더미를 계산하여 그 안에 있는 알맹이 수효를 다 알고, 또 동방에 있는 모든 세계의 갖가지 차별과 차례로 머물러 있음을 계산하여

알며, 남방과 서방과 북방과 네 간방과 상방과 하방도 그와 같이 다 안다."고 하였다. 이 얼마나 신기한 일인가.

4) 자기는 겸손하고 다른 이의 수승함을 추천하다

善男子_야 我唯知此一切工巧大神通智光明

法門_{이어니와} 如諸菩薩摩訶薩_은 能知一切諸衆生

數_{하며} 能知一切諸法品類數_{하며} 能知一切諸法

差別數_{하며}

"선남자여, 나는 다만 이 일체 공교한 큰 신통과 지혜의 광명 법문만을 알거니와 모든 보살마하살은 일체 모든 중생의 수효를 알고, 일체 모든 법의 종류와 수효를 알고, 일체 모든 법의 차별한 수효를 알고,

능 지 일 체 삼 세 수　　　능 지 일 체 중 생 명 수
能知一切三世數하며　**能知一切衆生名數**하며

능 지 일 체 제 법 명 수　　　능 지 일 체 제 여 래 수
能知一切諸法名數하며　**能知一切諸如來數**하며

능 지 일 체 제 불 명 수　　　능 지 일 체 제 보 살 수
能知一切諸佛名數하며　**能知一切諸菩薩數**하며

능 지 일 체 보 살 명 수
能知一切菩薩名數하나니

모든 세 세상 수효를 알고, 모든 중생의 이름과 수를
알고, 일체 모든 법의 이름과 수를 알고, 일체 모든 여
래의 수를 알고, 일체 모든 부처님의 이름과 수를 알고,
일체 모든 보살의 수를 알고, 일체 보살의 이름과 수를
압니다.

이 아 하 능 설 기 공 덕　　시 기 소 행　　　현 기 경
而我何能說其功德이며　**示其所行**이며　**顯其境**

계　　찬 기 승 력　　　변 기 낙 욕　　　선 기 조 도　　창 기
界며　**讚其勝力**이며　**辯其樂欲**이며　**宣其助道**며　**彰其**

대 원　　　탄 기 묘 행　　　천 기 제 도　　연 기 청 정　　　발
大願이며　**歎其妙行**이며　**闡其諸度**며　**演其淸淨**이며　**發**

기 수 승 지 혜 광 명
其殊勝智慧光明이리오

그러나 제가 어떻게 그 공덕을 능히 말하며, 그 수행을 보이며, 그 경계를 드러내며, 그 훌륭한 힘을 찬탄하며, 그 좋아함을 말하며, 그 도를 돕는 것을 말하며, 그 큰 원을 나타내며, 그 묘한 행을 찬탄하며, 그 모든 바라밀다를 열어 보이며, 그 청정함을 연설하며, 그 훌륭한 지혜의 광명을 드러내겠습니까?"

자기는 겸손하고 다른 이의 수승함을 추천하면서 다른 모든 보살들의 법력을 소개하는데 그 내용이 얼마나 오묘하고 불가사의한가. 다른 보살의 이와 같은 법을 스스로 밝혔다.

5) 다음 선지식 찾기를 권유하다

선 남 자 　 어 차 남 방 　 유 일 대 성 　 　 명 왈 해 주
善男子야 **於此南方**에 **有一大城**하니 **名曰海住**요

유 우 바 이　　　명 위 구 족　　　여 예 피 문　　　보 살
有優婆夷하니 名爲具足이니 汝詣彼問호대 菩薩이

운 하 학 보 살 행　　　수 보 살 도
云何學菩薩行이며 修菩薩道리잇고하라

　"선남자여, 여기서 남쪽에 하나의 큰 성이 있으니 이
름이 해주海住요, 거기에 우바이가 있으니 이름이 구족具
足입니다. 그대는 그에게 가서 '보살이 어떻게 보살의
행을 배우며 보살의 도를 닦습니까?'라고 물으십시오."

6) 덕을 사모하며 하직하고 물러가다

시　　　선 재 동 자　　　문 시 어 이　　　거 신 모 수　　　환
時에 善財童子가 聞是語已에 擧身毛竪하야 歡

희 용 약　　　획 득 희 유 신 락 보 심　　　성 취 광 대 이
喜踊躍하야 獲得希有信樂寶心하며 成就廣大利

중 생 심　　　실 능 명 견 일 체 제 불 출 홍 차 제　　　실
衆生心하며 悉能明見一切諸佛出興次第하며 悉

능 통 달 심 심 지 혜 청 정 법 륜
能通達甚深智慧淸淨法輪하며

이때 선재동자는 이 말을 듣고 온몸의 털이 곤두서며 기쁘게 뛰놀아 희유하게 믿고 좋아하는 마음을 얻었으며, 널리 중생을 이익되게 하려는 마음을 성취하였으며, 일체 모든 부처님이 세상에 나시는 차례를 다 분명히 보고, 깊은 지혜와 청정한 법륜을 다 능히 통달하였습니다.

어 일 체 취   개 수 현 신   요 지 삼 세 평 등 경 계
於一切趣에 **皆隨現身**하며 **了知三世平等境界**

출 생 무 진 공 덕 대 해   방 대 지 혜 자 재 광 명
하며 **出生無盡功德大海**하며 **放大智慧自在光明**하며

개 삼 유 성 소 유 관 약   정 례 기 족   요 무 량 잡
開三有城所有關鑰하야 **頂禮其足**하며 **繞無量帀**하며

은 근 첨 앙   사 퇴 이 거
殷勤瞻仰하고 **辭退而去**하니라

또 모든 길에 몸을 다 나타내고, 세 세상이 평등한 경계를 잘 알며, 다하지 않는 공덕의 바다를 출생하고, 큰 지혜의 자재한 광명을 놓으며, 세 세계의 성城에 잠겨 있는 자물쇠를 열어서, 그의 발에 엎드려 절하고 한량없이 돌고 은근하게 앙모하면서 하직하고 물러갔습니다.

문수지남도 제14, 선재동자가 구족우바이를 친견하다.

14. 구족우바이 具足優婆夷

제3 무위역행無違逆行 선지식

1) 구족우바이를 뵙고 법을 묻다

(1) 선지식의 가르침

이 시   선 재 동 자   관 찰 사 유 선 지 식 교   유 여
爾時에 **善財童子**가 **觀察思惟善知識敎**가 **猶如**

거 해   수 대 운 우   무 유 염 족   작 시 념 언
巨海하야 **受大雲雨**호대 **無有厭足**하고 **作是念言**호대

이때에 선재동자가 선지식의 가르침은 마치 큰 바다
와 같아서 큰 비를 받아들여도 싫어함이 없음을 관찰하
고 이렇게 생각하였습니다.

선지식교　유여춘일　생장일체선법근묘
善知識教는 猶如春日하야 生長一切善法根苗하며

선지식교　유여만월　범소조급　개사청량
善知識教는 猶如滿月하야 凡所照及에 皆使淸涼하며

선지식교　여하설산　능제일체제수열갈
善知識教는 如夏雪山하야 能除一切諸獸熱渴하며

'선지식의 가르침은 마치 봄 날씨와 같아서 모든 착
한 법의 뿌리와 싹을 자라게 하며, 선지식의 가르침은
마치 보름달과 같아서 비치는 곳마다 모두 서늘하게 하
며, 선지식의 가르침은 마치 여름의 설산雪山과 같아서
일체 모든 짐승들의 뜨거운 갈증을 없애 주며,

선지식교　여방지일　능개일체선심연화
善知識教는 如芳池日하야 能開一切善心蓮華

선지식교　여대보주　종종법보　충만기
하며 善知識教는 如大寶洲하야 種種法寶로 充滿其

심　선지식교　여염부수　적집일체복지
心하며 善知識教는 如閻浮樹하야 積集一切福智

화 과
華果하며

선지식의 가르침은 연못에 비치는 해와 같아서 모든 착한 마음의 연꽃을 피게 하며, 선지식의 가르침은 큰 보배의 섬과 같아서 가지가지 법의 보배로 그 마음을 충만하게 하며, 선지식의 가르침은 염부 나무와 같아서 모든 복과 지혜의 꽃과 열매를 쌓아 모으며,

선 지 식 교　　여 대 용 왕　　어 허 공 중　　유 희 자
善知識教는 **如大龍王**하야 **於虛空中**에 **遊戲自**

재　　선 지 식 교　　여 수 미 산　　무 량 선 법 삼 십 삼
在하며 **善知識教**는 **如須彌山**하야 **無量善法三十三**

천　　어 중 지 주　　선 지 식 교　　유 여 제 석　　중 회
天이 **於中止住**하며 **善知識教**는 **猶如帝釋**하야 **衆會**

위 요　　무 능 영 폐　　능 복 이 도 수 라 군 중
圍繞를 **無能映蔽**하고 **能伏異道修羅軍衆**이라하야

여 시 사 유　　점 차 유 행
如是思惟하고 **漸次遊行**하니라

선지식의 가르침은 큰 용왕과 같아서 허공에서 자유

자재하게 유희하며, 선지식의 가르침은 수미산과 같아서 한량없이 선善한 법의 삼십삼천이 그 가운데 머무르며, 선지식의 가르침은 마치 제석帝釋과 같아서 모든 대중이 둘러 호위하여 가려 버릴 이가 없고 능히 외도와 아수라 군중을 항복받는다.' 라고 하여 이와 같이 생각하면서 점점 나아갔습니다.

선지식의 가르침을 여러 가지 비유를 들어 밝혔다. 선지식의 가르침은 마치 큰 바다와 같고, 선지식의 가르침은 마치 봄 날씨와 같고, 선지식의 가르침은 마치 보름달과 같고, 선지식의 가르침은 마치 여름의 설산雪山과 같고, 선지식의 가르침은 연못에 비치는 해와 같다는 등등으로 밝혔다. 이 얼마나 아름다운 표현인가.

(2) 구족우바이

지 해 주 성　　처 처 심 멱 차 우 바 이　　시 피 중
至海住城하야 處處尋覓此優婆夷러니 時彼衆

인 함고지언 　선남자 차우바이 재차성
人이 **咸告之言**호대 **善男子**야 **此優婆夷**가 **在此城**

중 소 주 택 내
中所住宅內라하니라

　해주성海住城에 이르러 곳곳으로 다니며 이 우바이를 찾았습니다. 그때에 여러 사람들이 말하기를, "선남자여, 그 우바이는 지금 이 성중城中의 그의 집에 있습니다."라고 하였습니다.

　청량스님의 소疏에, "셋째, 구족우바이는 십행 중 무위역행無違逆行에 의탁하였다. 성城의 이름이 해주海住인 것은 바다 근처에 머물기 때문이다. 인욕에 안주하는 것이 마치 바다가 모든 것을 포함하는 것과 같은 까닭이다. 선지식의 이름이 구족具足인 것은 하나의 그릇에 갖추지 않은 것이 없기 때문이다. 인욕의 그릇은 일체의 덕을 두루 수용하기 때문이다. 욕됨을 참고 부드럽게 융화하기 때문에 여인에게 의탁하였다."[4]라고 하였다.

---

4) 參, 具足優婆夷, 寄無違逆行:【城名海住】者: 近海而住故. 安住於忍如海包含故. 友【名具足】者: 一器之中無不具故. 忍器遍容一切德故. 忍辱柔和, 故寄女人.

선재 문이 즉예기문 합장이립 기
善財가 **聞已**하고 **卽詣其門**하야 **合掌而立**한대 **其**

택 광박 종종장엄 중보원장 주잡위요
宅이 **廣博**하야 **種種莊嚴**하며 **衆寶垣牆**이 **周帀圍繞**

사면 개유보장엄문
하며 **四面**에 **皆有寶莊嚴門**이라

선재동자가 그 말을 듣고 그 문에 나아가 합장하고
섰습니다. 그 집은 매우 넓은데 가지가지로 장엄하였고,
온갖 보배로 쌓은 담이 둘리었고 사면에는 모두 보배로
장엄한 문이 있었습니다.

선재 입이 견우바이 처어보좌 성년
善財가 **入已**에 **見優婆夷**가 **處於寶座**하니 **盛年**

호색 단정가희 소복수발 신무영락 기
好色이 **端正可喜**요 **素服垂髮**에 **身無瓔珞**이요 **其**

신색상 위덕광명 제불보살 여무능급
身色相과 **威德光明**이 **除佛菩薩**하고 **餘無能及**이며

선재동자가 들어가니 그 우바이가 보배 자리에 앉았
는데 젊은 나이에 살결이 아름답고 단정하며, 소복 단

장에 머리카락을 드리웠고, 몸에 영락은 없으나 그 몸의 색과 모습에는 위덕威德과 광명이 있어 부처님이나 보살을 제외하고 나머지는 따를 이가 없었습니다.

어기택내　　부십억좌　　초출인천일체소유
於其宅內에　敷十億座호대　超出人天一切所有

개시보살업력성취　　택중　　무유의복음식
하야 皆是菩薩業力成就며 宅中에 無有衣服飮食과

급여일체자생지물　　단어기전　　치일소기
及餘一切資生之物하고 但於其前에 置一小器하며

그 집 안에는 십억의 자리를 깔았는데 천상과 인간에서 가진 모든 것에서 뛰어났으니 모두 보살의 업의 힘으로 이루어진 것이었습니다. 집 안에는 의복이나 음식이나 일체 살림살이 도구는 없고, 다만 그의 앞에는 조그만 그릇 하나를 놓아두었습니다.

부유일만동녀　　위요　　위의색상　　여천채녀
復有一萬童女가　圍繞에　威儀色相이　如天婇女

하고 妙寶嚴具로 莊飾其身하고 言音美妙하야 聞者
묘보엄구   장식기신   언음미묘   문자

喜悅이라 常在左右하야 親近瞻仰하고 思惟觀察하며
희열   상재좌우   친근첨앙   사유관찰

曲躬低首하며 應其敎命하며
곡궁저수   응기교명

또 일만의 동녀童女가 둘러 모셨으니 위의와 몸매가
천상의 채녀들과 같고, 묘한 보배 장엄거리로 몸을 단
장하였으며, 음성이 아름다워 듣는 이가 기뻐하였습니
다. 항상 좌우에 모시고 있으면서 친근하고 앙모하여 생
각하고 관찰하며, 허리를 굽히며 머리를 숙이고 그의
가르침에 응하고 있었습니다.

彼諸童女가 身出妙香하야 普熏一切에 若有衆
피제동녀   신출묘향   보훈일체   약유중

生이 遇斯香者는 皆不退轉하야 無怒害心하고 無怨
생   우사향자   개불퇴전   무노해심   무원

結心하며 無慳嫉心하고 無諂誑心하며 無險曲心하고
결심   무간질심   무첨광심   무험곡심

무 증 애 심　　　무 진 에 심　　　무 하 열 심　　　무 고 만
無憎愛心하며 **無瞋恚心**하고 **無下劣心**하며 **無高慢**

심
心하고

　　그 모든 동녀들의 몸에서는 묘한 향기가 나서 모든
곳에 풍기니 만약 어떤 중생들이 그 향기를 맡기만 하
면 모두 물러나지 아니하여 성내는 마음이 없고, 원수
가 맺히지도 않으며, 아끼고 질투하는 마음도 없고, 아
첨하는 마음도 없고, 구부러진 마음도 없으며, 미워하
고 사랑하는 마음도 없고, 성내는 마음도 없으며, 하열
한 마음도 없고, 교만한 마음도 없었습니다.

　　생 평 등 심　　　기 대 자 심　　　발 이 익 심　　　주 율
生平等心하며 **起大慈心**하고 **發利益心**하며 **住律**

의 심　　　이 탐 구 심　　　문 기 음 자　　　환 희 용 약　　　견
儀心하고 **離貪求心**하며 **聞其音者**는 **歡喜踊躍**하고 **見**

기 신 자　　　실 리 탐 염
其身者는 **悉離貪染**이러라

평등한 마음을 내고, 자비한 마음을 일으키고, 이익되게 하는 마음을 내며, 계율을 지니는 마음에 머물러 탐하는 마음을 떠났으며, 그의 소리를 들은 이는 기뻐하고, 그의 모습을 보는 이는 모두 탐욕이 없어지는 것이었습니다.

구족우바이가 거처하는 장소와 생긴 모습과 그를 시중드는 사람들까지 자세하게 그렸다. 또 우바이의 덕화로 동녀들의 몸에서는 묘한 향기가 나서 모든 곳에 풍기니 만약 어떤 중생들이 그 향기를 맡기만 하면 모두 물러나지 아니하여 성내는 마음이 없고, 원수가 맺히지도 않으며, 아끼고 질투하는 마음이 없는 등의 이익이 있다고 하였으며, 끝내 구족우바이의 소리를 들은 이는 기뻐하고, 그의 모습을 보는 이는 모두 탐욕이 없어진다고 하였다. 선지식으로서 주변 환경과 그의 모습만으로 이와 같이 사람들에게 감화를 줄 수 있다면 그 선지식의 가르침은 얼마나 큰 감동을 줄 것인가.

(3) 구족우바이에게 법을 묻다

이시　선재　기견구족우바이이　정례기
爾時에 **善財**가 **旣見具足優婆夷已**하고 **頂禮其**

족　공경위요　합장이립　백언　성자
足하며 **恭敬圍繞**하며 **合掌而立**하야 **白言**호대 **聖者**여

아이선발아뇩다라삼먁삼보리심　이미지보
我已先發阿耨多羅三藐三菩提心호니 **而未知菩**

살　운하학보살행　운하수보살도　아문
薩이 **云何學菩薩行**이며 **云何修菩薩道**리잇고 **我聞**

성자　선능유회　원위아설
聖者는 **善能誘誨**라하니 **願爲我說**하소서

　　그때에 선재동자는 구족우바이를 보고 그의 발에 절
하고 공경하여 두루 돌고 합장하고 서서 말하였습니다.
"거룩하신 이여, 저는 이미 아뇩다라삼먁삼보리심을 내
었습니다. 그러나 보살이 어떻게 보살의 행을 배우며 어
떻게 보살의 도를 닦는지를 알지 못합니다. 제가 들으
니 거룩하신 이께서 잘 가르치신다 하오니 바라건대 저
를 위하여 말씀하여 주십시오."

　　선재동자는 찾아간 선지식이 어떤 사람이며 어떤 모습을

하고 있든 상대의 모습에는 상관없이 자신이 처음 먹은 마음과 서원을 잊지 않고 다만 보살행과 보살도를 물을 뿐이다. 보살행과 보살도가 오로지 불법의 진수임을 보여 주는 본보기이다.

2) 구족우바이가 법을 설하다

(1) 다하지 않는 복덕장해탈문을 얻다

피 즉 고 언   선 남 자   아 득 보 살 무 진 복 덕
彼卽告言하사대 善男子야 我得菩薩無盡福德

장 해 탈 문   능 어 여 시 일 소 기 중   수 제 중 생
藏解脫門하야 能於如是一小器中에 隨諸衆生의

종 종 욕 락   출 생 종 종 미 미 음 식   실 령 충 만
種種欲樂하야 出生種種美味飮食하야 悉令充滿하며

구족우바이가 말하였습니다. "선남자여, 나는 보살의 다하지 않는 복덕장福德藏해탈문을 얻었으므로 능히 이와 같은 작은 그릇에서도 모든 중생들의 갖가지 욕망을 따라 갖가지 맛좋은 음식을 내어 모두 배부르게 합

니다."

구족우바이의 집에는 의복이나 음식이나 일체 살림살이 도구는 없고, 다만 그의 앞에 조그만 그릇 하나를 놓아두었을 뿐이다. 그 그릇에서 모든 중생들의 갖가지 욕망을 따라 갖가지 맛좋은 음식을 내어 모두 배부르게 한다고 하였다. 이 그릇은 과연 무슨 그릇일까. 조사스님들이 말씀하신 일물一物의 그릇인가? 일심一心의 그릇인가?

가 사 백 중 생　　천 중 생　　백 천 중 생　　억 중 생
假使百衆生과　千衆生과　百千衆生과　億衆生과

백 억 중 생　　천 억 중 생　　백 천 억 나 유 타 중 생　　내
百億衆生과　千億衆生과　百千億那由他衆生과　乃

지 불 가 설 불 가 설 중 생　　가 사 염 부 제 미 진 수 중
至不可說不可說衆生과　假使閻浮提微塵數衆

생　　일 사 천 하 미 진 수 중 생　　소 천 세 계　　중 천 세
生과　一四天下微塵數衆生과　小千世界와　中千世

계　　대 천 세 계
界와　大千世界와

"가령 백 중생과 천 중생과 백천 중생과 억 중생과 백억 중생과 천억 중생과 백천억 나유타 중생과 내지 말할 수 없이 말할 수 없는 중생과 가령 염부제 미진수 중생과 한 사천하 미진수 중생과 소천세계와 중천세계와 대천세계와

내지 불가설 불가설 불찰 미진수 중생 가사
乃至不可說不可說佛刹微塵數衆生과 **假使**

시방세계일체중생   수기욕락   실령충만
十方世界一切衆生이라도 **隨其欲樂**하야 **悉令充滿**

이기음식   무유궁진   역불감소
호대 **而其飲食**은 **無有窮盡**하고 **亦不減少**하니

내지 말할 수 없이 말할 수 없는 세계의 미진수 중생과 가령 시방세계의 모든 중생이라도 그들의 욕망을 따라 모두 만족하게 하여도 그 음식은 끝나지 않고 또한 부족하지도 아니합니다."

작은 그릇에서 모든 중생들의 갖가지 욕망을 따라 갖가지 맛좋은 음식을 내어 모두 배부르게 하며, 가령 시방세계

의 모든 중생이라도 그들의 욕망을 따라 모두 만족하게 하
여도 그 음식이 끝나지 않고 또한 부족하지도 아니한 그릇
이란 무슨 그릇인가.

여음식   여시 종종상미   종종상좌   종종
如飲食하야 如是種種上味와 種種牀座와 種種

의복   종종와구   종종거승   종종화   종종만
衣服과 種種臥具와 種種車乘과 種種華와 種種鬘

   종종향   종종도향   종종소향   종종말향
과 種種香과 種種塗香과 種種燒香과 種種末香과

종종진보   종종영락   종종당   종종번   종종
種種珍寶와 種種瓔珞과 種種幢과 種種幡과 種種

개   종종상묘자생지구   수의소락   실령충
蓋와 種種上妙資生之具로 隨意所樂하야 悉令充

족
足이로라

"음식이 그러한 것처럼 갖가지 좋은 맛과 갖가지 자
리와 갖가지 의복와 갖가지 이부자리와 갖가지 수레와
갖가지 꽃과 갖가지 화만과 갖가지 향과 갖가지 바르는

향과 갖가지 사르는 향과 갖가지 가루 향과 갖가지 보배와 갖가지 영락과 갖가지 당기와 갖가지 번기와 갖가지 일산과 갖가지 매우 좋은 살림살이 기구들도 좋아하는 대로 모두 만족하게 합니다."

어찌 맛있는 음식뿐이겠는가. 평상이나 의복이나 이부자리나 수레나 꽃이나 향이나 일체 생활도구나 무엇이든 마음대로 그 그릇에서 나오지 않는 것이 없다. 손오공의 여의봉_{如意棒}인가, 용의 입 속에 있는 여의주_{如意珠}인가.

우선 남자 가 사 동 방 일 세 계 중 성 문 독 각
又善男子_야 假使東方一世界中_에 聲聞獨覺

식 아 식 이 개 중 성 문 벽 지 불 과 주 최 후
_{이라도} 食我食已_에 皆證聲聞辟支佛果_{하야} 住最後

신
身_{하며}

"또 선남자여, 가령 동방의 한 세계에 있는 성문이나

독각이라도 나의 음식을 먹으면 모두 성문이나 벽지불
과를 얻어 맨 나중 몸에 머무릅니다."

여일세계중　여시백세계　천세계　백천
如一世界中하야 **如是百世界**와 **千世界**와 **百千**

세계　억세계　백억세계　천억세계　백천억
世界와 **億世界**와 **百億世界**와 **千億世界**와 **百千億**

세계　백천억나유타세계　염부제미진수세계
世界와 **百千億那由他世界**와 **閻浮提微塵數世界**

일사천하미진수세계　소천국토미진수세계
와 **一四天下微塵數世界**와 **小千國土微塵數世界**

중천국토미진수세계
와 **中千國土微塵數世界**와

"한 세계가 그러한 것처럼 이와 같이 백 세계와 천
세계와 백천 세계와 억 세계와 백억 세계와 천억 세계
와 백천억 세계와 백천억 나유타 세계와 염부제 미진수
세계와 한 사천하 미진수 세계와 소천국토 미진수 세계
와 중천국토 미진수 세계와

삼천 대천 국토 미진 수 세계   내 지 불 가 설 불
三千大千國土微塵數世界와 乃至不可說不

가 설 불 찰 미 진 수 세 계 중   소 유 일 체 성 문 독 각
可說佛刹微塵數世界中에 所有一切聲聞獨覺

       식 아 식 이   개 증 성 문 벽 지 불 과   주 최 후
이라도 食我食已에 皆證聲聞辟支佛果하야 住最後

신   여 어 동 방   남 서 북 방   사 유 상 하   역
身하나니 如於東方하야 南西北方과 四維上下도 亦

부 여 시
復如是하니라

　　삼천대천국토 미진수 세계와 내지 말할 수 없이 말할 수 없는 세계의 미진수 세계에 있는 모든 성문과 독각이 나의 음식을 먹으면 모두 성문이나 벽지불과를 얻어 맨 나중 몸에 머무릅니다. 동방이 그런 것과 같이 남방과 서방과 북방과 네 간방과 상방과 하방도 또한 다시 그와 같습니다."

　　구족우바이 선지식이 가지고 있는 그릇에서 나오는 음식을 먹는 성문이나 독각들은 모두 성문의 결과를 얻고 독각의 결과를 얻는다. 이 세상의 그 어떤 소원이든 이 그릇에서

나오는 음식만 먹으면 이루지 못할 일이 없다. 화엄경이 어찌 거짓말을 하겠는가. 다만 그 그릇이 무엇인가가 궁금할 뿐이다.

우선남자　동방일세계　내지불가설불가
又善男子야 東方一世界와 乃至不可說不可

설불찰미진수세계중　소유일생소계보살　식
說佛刹微塵數世界中에 所有一生所繫菩薩이 食

아식이　개보리수하　좌어도량　항복마군
我食已에 皆菩提樹下에 坐於道場하야 降伏魔軍

성아뇩다라삼먁삼보리　여동방　남서
하고 成阿耨多羅三藐三菩提하나니 如東方하야 南西

북방　사유상하　역부여시
北方과 四維上下도 亦復如是하나라

"선남자여, 동방의 한 세계와 내지 말할 수 없이 말할 수 없는 세계의 미진수 세계에 있는 일생보처一生補處보살이 나의 음식을 먹으면 모두 보리수 아래서 도량에 앉아 마군을 항복받고 아뇩다라삼먁삼보리를 이루게 됩니다. 동방과 같이 남방과 서방과 북방과 네 간방과 상방과 하방도 또한 다시 그와 같습니다."

보살은 또 보살들대로 구족우바이가 가지고 있는 그릇
에서 나오는 음식만 먹으면 그들이 바라는 바가 다 이루어
진다. 예컨대 보리수 아래서 도량에 앉아 마군을 항복받고
아뇩다라삼먁삼보리를 이루는 일까지 모두 성취하게 된다.
동방 세계의 보살들만이 아니고 남방과 서방과 북방과 네
간방과 상방과 하방도 또한 다시 이와 같이 다 이루게 된다.
참으로 놀랍고도 신기한 일이 아닐 수 없다.

(2) 십천 동녀가 모두 나와 같다

善男子야 汝見我此十千童女眷屬已不아 答
선 남 자　여 견 아 차 십 천 동 녀 권 속 이 부　답

言已見이니이다 優婆夷가 言하사대 善男子야 此十千
언 이 견　우 바 이　언　선 남 자　차 십 천

童女로 而爲上首하야 如是眷屬百萬阿僧祇가 皆
동 녀　이 위 상 수　여 시 권 속 백 만 아 승 지　개

悉與我로 同行이며
실 여 아　동 행

"선남자여, 그대는 나의 이 십천 동녀들을 봅니까?"

"예, 봅니다." 구족우바이가 말하였습니다. "선남자여, 이 십천 동녀가 상수가 되어 이와 같은 백만 아승지 권속들이 모두 나와 더불어 행行이 같고,

동원   동선근   동출리도   동청정해   동
同願이며 同善根이며 同出離道며 同淸淨解며 同

청정념   동청정취   동무량각   동득제근
淸淨念이며 同淸淨趣며 同無量覺이며 同得諸根이며

동광대심   동소행경   동리   동의   동명료
同廣大心이며 同所行境이며 同理며 同義며 同明了

법
法이며

원願이 같고, 착한 뿌리가 같고, 벗어나는 길이 같고, 청정한 이해가 같고, 청정한 생각이 같고, 청정한 길이 같고, 한량없는 깨달음이 같고, 모든 감관 얻음이 같고, 광대한 마음이 같고, 행하는 경계가 같고, 이치가 같고, 뜻이 같고, 분명히 아는 법이 같고,

동정색상　　동무량력　　동최정진　　동정
同淨色相이며 同無量力이며 同最精進이며 同正

법음　　동수류음　　동청정제일음　　동찬무
法音이며 同隨類音이며 同淸淨第一音이며 同讚無

량청정공덕　　동청정업　　동청정보
量淸淨功德이며 同淸淨業이며 同淸淨報며

청정한 색상이 같고, 한량없는 힘이 같고, 끝까지 정
진함이 같고, 바른 법의 음성이 같고, 종류를 따르는 음
성이 같고, 청정하고 제일가는 음성이 같고, 한량없이
청정한 공덕을 찬탄함이 같고, 청정한 업業이 같고, 청
정한 과보가 같고,

동대자주보　　구호일체　　동대비주보　　성
同大慈周普하야 救護一切며 同大悲周普하야 成

숙중생　　동청정신업　　수연집기　　영견자흔
熟衆生이며 同淸淨身業이 隨緣集起하야 令見者欣

열　　동청정구업　　수세어언　　선포법화
悅이며 同淸淨口業이 隨世語言하야 宣布法化며

크게 인자함이 두루 하여 모든 이들을 구호함이 같

고, 크게 가엾이 여김이 두루 하여 중생을 성숙하게 함
이 같고, 청정한 몸의 업이 연緣을 따라 모은 것이 보는
이를 기쁘게 함이 같고, 청정한 입의 업으로 세상의 말
을 따라서 법으로 교화함이 같고,

동 왕 예 일 체 제 불 중 회 도 량　　동 왕 예 일 체 불
同往詣一切諸佛衆會道場이며 同往詣一切佛

찰　　공 양 제 불　　동 능 현 견 일 체 법 문　　동 주
刹하야 供養諸佛이며 同能現見一切法門이며 同住

보 살 청 정 행 지
菩薩淸淨行地니라

일체 모든 부처님의 대중이 모인 도량에 나아감이
같고, 모든 부처님 세계에 가서 부처님들께 공양함이
같고, 모든 법문을 나타내어 보임이 같고, 보살의 청정
한 행에 머무름이 같습니다.”

꿈속의 세계에서는 모든 것이 꿈이며 깨어 있을 때의 세계
에서는 모든 것이 깨어 있는 현실인 것과 같이 부처님의 세계

에서는 모두가 부처님의 수준과 안목으로 펼쳐지며, 중생의 세계에서는 모두가 중생의 안목으로 펼쳐진다. 구족우바이의 세계에서는 그의 십천 동녀들까지 모든 것이 구족우바이와 동일하게 이뤄지고 있음을 분명하게 밝혔다.

(3) 십천 동녀가 수많은 이들에게 공양하다

善男子야 是十千童女가 能於此器에 取上飮食

하야 一刹那頃에 徧至十方하야 供養一切後身菩薩

과 聲聞獨覺하며 乃至徧及諸餓鬼趣하야 皆令充足

이니라 善男子야 此十千女가 以我此器로 能於天

中에 充足天食하며 乃至人中에 充足人食이니라

"선남자여, 이 십천 동녀들은 이 그릇에 좋은 음식을 담아 한 찰나 동안에 시방에 두루 가서 모든 나중 몸을 받은 보살과 성문과 독각에게 공양하며, 내지 여러 아

귀들까지 배를 채우게 합니다. 선남자여, 이 십천 동녀들은 나의 이 그릇을 가지고 천상에 가면 천신들을 만족하게 먹이고, 내지 인간에 가면 사람들을 만족하게 먹입니다."

"이 그릇을 가지고 천상에 가면 천신들을 만족하게 먹이고, 내지 인간에 가면 사람들을 만족하게 먹인다."는 이 소식은 무엇을 의미하는가.

(4) 선재동자가 직접 보다

선 남 자　　차 대 수 유　　　여 당 자 견　　　설 시 어
善男子야 且待須臾하라 汝當自見하리라 說是語

시　　선 재　　즉 견 무 량 중 생　　종 사 문 입　　　개 우
時에 善財가 則見無量衆生이 從四門入하니 皆優

바 이　　본 원 소 청　　　기 래 집 이　　부 좌 영 좌　　　수
婆夷의 本願所請이라 旣來集已에 敷座令坐하고 隨

기 소 수　　급 시 음 식　　　실 사 충 족
其所須하야 給施飮食하야 悉使充足하니라

"선남자여, 또한 잠깐만 기다리면 그대가 마땅히 스스로 보게 하겠습니다." 이렇게 말할 적에 선재동자가 한량없는 중생이 네 문으로 들어옴을 보니 모두 이 우바이의 본래 소원으로 청한 것이었습니다. 모여 오는 대로 자리를 펴고 앉게 하고, 그들이 달라는 대로 음식을 주어 배부르게 하였습니다.

3) 자기는 겸손하고 다른 이의 수승함을 추천하다

告_고善_선財_재言_언하사대 善_선男_남子_자야 我_아唯_유知_지此_차無_무盡_진福_복德_덕

藏_장解_해脫_탈門_문이어니와 如_여諸_제菩_보薩_살摩_마訶_하薩_살은 一_일切_체功_공德_덕이

猶_유如_여大_대海_해하야 甚_심深_심無_무盡_진하며 猶_유如_여虛_허空_공하야 廣_광大_대無_무

際_제하며

선재동자에게 말하였습니다. "선남자여, 나는 다만 이 다함이 없는 복덕장해탈문을 알거니와 모든 보살마

하살의 모든 공덕은 마치 큰 바다와 같아서 깊이가 한이 없고, 허공과 같아서 광대하기가 가없으며,

여여의주 만중생원 여대취락 소구
如如意珠하야 滿衆生願하며 如大聚落하며 所求

개득 여수미산 보집중보 유여오장
皆得하며 如須彌山하야 普集衆寶하며 猶如奧藏하야

상저법재
常貯法財하며

여의주와 같아서 중생의 소원을 만족하게 하고, 큰 마을과 같아서 구하는 대로 얻게 되며, 수미산과 같아서 온갖 보배가 두루 모이었고, 깊은 창고와 같아서 법의 재물을 항상 쌓아 두며,

유여명등 파제흑암 유여고개 보음
猶如明燈하야 破諸黑暗하며 猶如高蓋하야 普蔭

군생 이아운하능지능설피공덕행
群生하나니 而我云何能知能說彼功德行이리오

마치 밝은 등불과 같아서 모든 어두움을 깨뜨리고, 마치 높은 일산과 같아서 여러 중생을 가리어 줍니다. 그러나 제가 그 공덕의 행을 어떻게 능히 알며 능히 말하겠습니까."

보살들의 모든 공덕은 마치 큰 바다와 같으며, 허공과 같으며, 여의주와 같으며, 큰 마을과 같으며, 수미산 등과 같다. 보살의 모든 공덕은 실로 헤아릴 수 없으며 측량할 수 없어서 불가사의하다.

4) 다음 선지식 찾기를 권유하다

善_선男_남子_자야 南_남方_방에 有_유城_성하니 名_명曰_왈大_대興_흥이요 彼_피有_유居_거

士_사하니 名_명曰_왈明_명智_지니 汝_여詣_예彼_피問_문호대 菩_보薩_살이 云_운何_하學_학菩_보

薩_살行_행이며 修_수菩_보薩_살道_도리잇고하라 時_시에 善_선財_재童_동子_자가 頂_정禮_례

기 족　　요 무 량 잡　　첨 앙 무 염　　사 퇴 이 거
其足하며 **繞無量帀**하며 **瞻仰無厭**하고 **辭退而去**하니라

"선남자여, 남쪽에 성城이 있으니 이름이 대흥大興이
요, 거기에 거사가 있으니 이름이 명지明智입니다. 그대
는 그에게 가서 보살이 어떻게 보살의 행을 배우며 보
살의 도를 닦는지를 물으십시오." 그때에 선재동자는
그의 발에 절하고 한량없이 돌고 앙모하여 싫어할 줄
모르며 하직하고 떠났습니다.

불자라면 누구를 찾아가든 다른 것을 묻지 말고 오직 보
살행을 물으며 보살도를 물으라. 이것이 불교이기 때문이
다. 불교를 이와 같이 알면 바르게 아는 것이고 이와 다르게
알면 잘못 아는 것이다.

문수지남도 제15, 선재동자가 명지거사를 친견하다.

15. 명지거사 明智居士

제4 무굴요행無屈撓行 선지식

1) 명지거사를 뵙고 법을 묻다

(1) 다함없이 장엄한 복덕장해탈의 광명을 얻다

이시 선재동자 득무진장엄복덕장해탈
爾時에 **善財童子**가 **得無盡莊嚴福德藏解脫**

광명이 사유피복덕대해 관찰피복덕허공
光明已에 **思惟彼福德大海**하며 **觀察彼福德虛空**

취피복덕취 등피복덕산
하며 **趣彼福德聚**하며 **登彼福德山**하며

이때에 선재동자가 다함없이 장엄한 복덕장해탈의 광명을 얻고 나서 저 복덕의 큰 바다를 생각하고, 저 복덕의 허공을 관찰하고, 저 복덕의 마을에 나아가고, 저 복덕의 산에 오르고,

섭 피 복 덕 장　　　입 피 복 덕 연　　　유 피 복 덕 지
攝彼福德藏하며 入彼福德淵하며 遊彼福德池하며

정 피 복 덕 륜　　　견 피 복 덕 장　　　입 피 복 덕 문
淨彼福德輪하며 見彼福德藏하며 入彼福德門하며

행 피 복 덕 도　　　수 피 복 덕 종　　　점 차 이 행　　　지
行彼福德道하며 修彼福德種하고 漸次而行하야 至

대 흥 성　　　주 변 추 구 명 지 거 사
大興城하야 周徧推求明智居士하니라

　저 복덕의 창고를 거두고, 저 복덕의 못에 들어가고,
저 복덕의 연못에 노닐고, 저 복덕의 바퀴를 깨끗이 하
고, 저 복덕의 장藏을 보고, 저 복덕의 문에 들어가고, 저
복덕의 길에 다니고, 저 복덕의 종자를 닦으면서 점점
걸어서 대흥성에 이르러 명지거사를 두루 찾았습니다.

　선재동자가 명지거사明智居士 선지식을 찾아가면서 그동
안 얻은 법에 대해서 다시 정리하여 밝혔다. 다함없이 장엄
한 복덕장해탈의 광명을 얻고 나서 저 복덕의 큰 바다를 생
각하고, 저 복덕의 허공을 관찰하고, 저 복덕의 마을에 나아
가고, 저 복덕의 산에 오르는 등 복덕에 관한 내용들이다.

(2) 선지식에게 갈앙하는 마음을 내다

어 선 지 식　심 생 갈 앙　　이 선 지 식　　훈 습
於善知識에 **心生渴仰**하며 **以善知識**으로 **熏習**

기 심　　어 선 지 식　지 욕 견 고　　방 편 구 견 제 선
其心하며 **於善知識**에 **志欲堅固**하며 **方便求見諸善**

지 식　　심 불 퇴 전　　원 득 승 사 제 선 지 식　　심
知識하야 **心不退轉**하며 **願得承事諸善知識**하야 **心**

무 해 권
無懈倦하며

선지식에게 갈앙하는 마음을 내고, 선지식으로 마음을 닦고, 선지식에게 뜻이 견고하여지고, 방편으로 모든 선지식을 구하는 마음이 물러나지 않고, 모든 선지식을 받들어 섬기려는 마음이 게으르지 아니하였습니다.

다음에는 선지식에게 갈앙하는 마음을 내면서 선지식에 대한 온갖 공능과 역할과 영향을 받은 내용에 대해 밝혔다.

지 유 의 지 선 지 식 고　　능 만 중 선　　　지 유 의 지
知由依止善知識故로 **能滿衆善**하며 **知由依止**

선 지 식 고　　능 생 중 복　　　지 유 의 지 선 지 식 고
善知識故로 **能生衆福**하며 **知由依止善知識故**로

능 장 중 행　　　지 유 의 지 선 지 식 고　　　불 유 타 교
能長衆行하며 **知由依止善知識故**로 **不由他教**하고

자 능 승 사 일 체 선 우
自能承事一切善友하야

　　선지식을 의지함을 말미암아 모든 착한 일이 원만해
짐을 알고, 선지식을 의지함을 말미암아 모든 복이 생
김을 알고, 선지식을 의지함을 말미암아 모든 행이 증
장함을 알고, 선지식을 의지함을 말미암아 다른 이의
가르침을 받지 않고도 스스로 능히 모든 선지식을 받들
어 섬기게 되는 줄을 알았습니다.

　　선지식은 이와 같은 영향력이 있으므로 수행자는 반드시
선지식을 의지해야 한다. 그런데 선재동자의 선지식은 53선
지식이라는 구체적인 인물로 구성되어 있으나 오늘날 우리
들은 누구로 선지식을 삼아야 하는가. 당연히 이 대방광불

화엄경으로 선지식을 삼아야 한다. 이 화엄경보다 더 훌륭한 선지식이 또 어디에 있겠는가.

여시사유시　장기선근　정기심심　증
如是思惟時에 長其善根하며 淨其深心하며 增

기근성　익기덕본　가기대원　광기대비
其根性하며 益其德本하며 加其大願하며 廣其大悲

근일체지　구보현도　조명일체제불정
하며 近一切智하며 具普賢道하며 照明一切諸佛正

법　증장여래십력광명
法하며 增長如來十力光明하나라

이와 같이 생각할 때에 그 착한 뿌리가 자라고, 그 깊은 마음이 깨끗해지고, 그 근기와 성품을 늘게 하고, 그 덕의 근본을 더하게 하고, 그 큰 소원이 많아지고, 그 큰 자비가 넓어지고, 일체 지혜에 가깝고, 보현의 도를 갖추며, 일체 모든 부처님의 바른 법을 밝게 비추고, 여래의 열 가지 힘과 광명이 증장되었습니다.

선지식에 대하여 이와 같이 생각할 때에 그 착한 뿌리가 자라고, 그 깊은 마음이 깨끗해지고, 그 근기와 성품을 늘게 하고, 그 덕의 근본을 더하게 하고, 그 큰 소원이 많아지게 된다.

(3) 명지거사

이 시　선 재　　견 피 거 사　　재 기 성 내 시 사 구 도
爾時에 **善財**가 **見彼居士**가 **在其城內市四衢道**

칠 보 대 상　　처 무 수 보 장 엄 지 좌
七寶臺上하야 **處無數寶莊嚴之座**하니

그때에 선재동자는 명지거사가 그 성 내의 네거리 칠보대 위에서 무수한 보배로 장엄한 자리에 앉은 것을 보았습니다.

기 좌 묘 호　　청 정 마 니　　이 위 기 신　　금 강
其座妙好하야 **清淨摩尼**로 **以爲其身**하고 **金剛**

제 청　　이 위 기 족　　보 승 교 락　　오 백 묘 보
帝青으로 **以爲其足**하며 **寶繩交絡**하고 **五百妙寶**로

이위교식　　부천보의　　건천당번　　장대보
而爲校飾하며 敷天寶衣하고 建天幢幡하며 張大寶

망　　　시대보장　　염부단금　　이위기개
網하고 施大寶帳하며 閻浮檀金으로 以爲其蓋하고

비유리보　이위기간　　영인집지　　이부기
毘瑠璃寶로 以爲其竿하야 令人執持하야 以覆其

상
上하며

　그 자리는 훌륭하여 청정한 마니보배로 자체[身]가
되고, 금강제청보배로 자리[足]가 되었으며, 보배 노끈
으로 두루 얽었고, 오백 가지 보배로 장식하였고, 하늘
보배 옷을 깔고, 하늘 당기幢旗와 번기幡旗를 세우고, 큰
보배 그물을 덮고, 보배 휘장을 쳤으며, 염부단금으로
일산日傘을 만드니 비유리보배로 일산 대가 되어 사람들
이 잡고 그 위를 덮고 있었습니다.

　아왕우핵　청정엄결　　이위기선　　훈중묘
鵝王羽翮의 淸淨嚴潔로 以爲其扇하며 熏衆妙

향   우중천화   좌우상주오백악음   기음
香하고 雨衆天華하며 左右常奏五百樂音호대 其音

미묘   과어천악   중생문자   무불열예
美妙가 過於天樂하야 衆生聞者가 無不悅豫하며

거위의 깃으로 청정하게 장엄하여 부채를 삼았으며,
여러 가지 묘한 향을 풍기고, 여러 가지 하늘 꽃을 비처
럼 내리며, 좌우에서는 오백 가지 음악을 항상 연주하
니 그 소리가 아름답기가 하늘 풍류보다 더 좋으며, 듣
는 중생들이 모두 기뻐하였습니다.

십천권속   전후위요   색상단엄   인소희
十千眷屬이 前後圍繞호대 色相端嚴하야 人所喜

견   천장엄구   이위엄식   어천인중   최승
見이며 天莊嚴具로 以爲嚴飾하야 於天人中에 最勝

무비   실이성취보살지욕   개여거사   동석
無比하며 悉已成就菩薩志欲하야 皆與居士로 同昔

선근   시립첨대   승기교명
善根이라 侍立瞻對하야 承其教命하니라

십천 권속이 앞뒤에 둘러섰는데 모습이 단정하여 사

람들이 보기를 좋아하며, 하늘의 장엄으로 훌륭하게 꾸몄으니 하늘사람 가운데 가장 수승하여 비길 데 없으며, 보살의 뜻을 이미 다 성취하였고, 명지거사와 더불어 옛날의 착한 뿌리가 같은 이들로서 시위侍衛하고 서서 그의 가르침을 받들고 있었습니다.

명지거사 선지식의 복덕과 덕화에 대하여 밝혔다. 간략히 정리하면 거사의 좌우에서 오백 가지 음악을 항상 연주하니 그 소리가 아름답기가 하늘 풍류보다 더 좋으며, 십천 권속이 앞뒤에 둘러 있으면서 시위侍衛하고 서서 그의 가르침을 받들고 있었다.

(4) 보리심 발한 까닭을 밝히고 법을 묻다

이 시   선 재   정 례 기 족   요 무 량 잡   합 장
爾時에 善財가 頂禮其足하며 繞無量帀하며 合掌

이 립   백 언
而立하야 白言호대

그때에 선재동자는 그의 발에 엎드려 절하고 한량없

이 돌고 합장하고 서서 여쭈었습니다.

성자여 我爲利益一切衆生故며 爲令一切衆
生으로 出諸苦難故며 爲令一切衆生으로 究竟安樂
故며 爲令一切衆生으로 出生死海故며

"거룩하신 이여, 저는 일체 중생을 이익하게 하려는
연고며, 일체 중생으로 하여금 모든 괴로움에서 벗어나
게 하려는 연고며, 일체 중생으로 하여금 구경에 안락
하게 하려는 연고며, 일체 중생으로 하여금 생사의 바
다에서 벗어나게 하려는 연고며,

爲令一切衆生으로 住法寶洲故며 爲令一切衆
生으로 枯竭愛河故며 爲令一切衆生으로 起大慈悲

고　위령일체중생　사리욕애고
故며 爲令一切衆生으로 捨離欲愛故며

일체 중생으로 하여금 법의 보배 섬에 머물게 하려
는 연고며, 일체 중생으로 하여금 사랑의 물결을 말리
게 하려는 연고며, 일체 중생으로 하여금 큰 자비심을
일으키게 하려는 연고며, 일체 중생으로 하여금 애욕을
버리게 하려는 연고며,

위령일체중생　갈앙불지고　위령일체중
爲令一切衆生으로 渴仰佛智故며 爲令一切衆

생　출생사광야고　위령일체중생　낙제불
生으로 出生死曠野故며 爲令一切衆生으로 樂諸佛

공덕고　위령일체중생　출삼계성고
功德故며 爲令一切衆生으로 出三界城故며

일체 중생으로 하여금 부처님의 지혜를 앙모하게 하
려는 연고며, 일체 중생으로 하여금 생사의 거친 벌판에
서 벗어나게 하려는 연고며, 일체 중생으로 하여금 모든
부처님의 공덕을 좋아하게 하려는 연고며, 일체 중생으
로 하여금 세 세계의 성에서 벗어나게 하려는 연고며,

위령일체중생　　입일체지성고　　발아뇩다
爲令一切衆生으로 入一切智城故로 發阿耨多

라삼먁삼보리심　　이미지보살　　운하학보살
羅三藐三菩提心호니 而未知菩薩이 云何學菩薩

행　　운하수보살도　　능위일체중생　　작의
行이며 云何修菩薩道하야 能爲一切衆生하야 作依

지처
止處리잇고

　일체 중생으로 하여금 일체 지혜의 성에 들어가게
하려는 연고로 아뇩다라삼먁삼보리심을 내었습니다. 그
러나 아직 보살이 어떻게 보살의 행을 배우며 어떻게
보살의 도를 닦아서 일체 중생의 의지할 곳이 되게 할
지를 알지 못합니다.”

　선재동자가 명지거사 선지식을 만나서 자신은 이미 보리
심을 발하였으며 보리심을 발한 까닭은 이러이러하다는 뜻
을 소상히 밝혔다. 그러고는 “그러나 아직 보살이 어떻게 보
살의 행을 배우며 어떻게 보살의 도를 닦아서 일체 중생의 의
지할 곳이 되게 할지 알지 못하니 잘 가르쳐 주십시오.”라는

뜻을 밝혔다.

2) 명지거사가 법을 설하다

(1) 보리심 발함을 찬탄하다

居士_가 告言_{하사대} 善哉善哉_라 善男子_여 汝乃能

發阿耨多羅三藐三菩提心_{이로다} 善男子_야 發阿耨

多羅三藐三菩提心_한 是人難得_{이니}

명지거사가 말하였습니다. "훌륭하고 훌륭하십니다. 선남자여, 그대가 능히 아뇩다라삼먁삼보리심을 내었습니다. 선남자여, 아뇩다라삼먁삼보리심을 내는 사람을 만나기 어렵습니다."

약능발심　시인　즉능구보살행　치우
若能發心하면 是人은 則能求菩薩行하야 値遇

선지식　항무염족　친근선지식　항무노
善知識호대 恒無厭足하며 親近善知識호대 恒無勞

권　공양선지식　항불피해
倦하며 供養善知識호대 恒不疲懈하며

"만일 능히 이 마음을 내면 그 사람은 능히 보살의
행을 구하리니 선지식을 만나는 데 항상 싫어함이 없을
것이며, 선지식을 친근하는 데 항상 게으름이 없을 것이
며, 선지식을 공양하는 데 항상 고달프지 않을 것이며,

급시선지식　불생우척　구멱선지식
給侍善知識호대 不生憂慼하며 求覓善知識호대

종불퇴전　애념선지식　종불방사　승사
終不退轉하며 愛念善知識호대 終不放捨하며 承事

선지식　무잠휴식
善知識호대 無暫休息하며

선지식을 시중드는 데 근심을 내지 않을 것이며, 선
지식을 찾는 데 마침내 물러나지 않을 것이며, 선지식

을 사모하여 생각하는 데 마침내 버리지 않을 것이며,
선지식을 받들어 섬기어 잠깐도 쉬지 않을 것이며,

        첨 앙 선 지 식   무 시 게 지   행 선 지 식 교
        瞻仰善知識호대 **無時憩止**하며 **行善知識敎**호대

미 증 태 타   품 선 지 식 심   무 유 오 실
未曾怠惰하며 **稟善知識心**호대 **無有誤失**이니라

    선지식을 앙모하는 데 쉴 때가 없을 것이며, 선지식
의 가르침을 행하는 데 게으르지 않을 것이며, 선지식
의 마음을 받드는 데 그르침이 없을 것입니다."

    명지거사는 선재동자가 보리심을 발하였다는 말을 듣
고 보리심 발한 사람을 만나기 어렵다고 찬탄하면서 보리
심을 발한 사람에 대한 여러 가지 뛰어난 점을 낱낱이 밝
혔다.

(2) 명지거사의 보리심 발함을 밝히다

善男子야 汝見我此衆會人不아 善財가 答言호대

唯然已見이니이다 居士가 言하사대 善男子야 我已令

其發阿耨多羅三藐三菩提心하야 生如來家하야 增

長白法하며 安住無量諸波羅蜜하야 學佛十力하며 離

世間種하고 住如來種하고 棄生死輪하며 轉正法輪

하며 滅三惡趣하고 住正法趣하며 如諸菩薩하야 悉能

救護一切衆生하노라

"선남자여, 그대는 나의 이 대중들을 봅니까?" 선재
동자가 대답하였습니다. "예, 보고 있습니다." 거사가
말하였습니다. "선남자여, 나는 그들로 하여금 아뇩다
라삼먁삼보리심을 내게 하였으며, 여래의 가문에 나서
흰 법을 증장하고, 한량없는 모든 바라밀다에 편안히

머물며, 부처님의 열 가지 힘을 배워서 세간의 종자를 여의며, 여래의 종성에 머물러 생사의 윤회를 버리고 바른 법륜을 굴리어 삼악도의 길을 없애며, 바른 법의 길에 머물러 모든 보살들과 같이 일체 중생을 다 능히 구호합니다."

선재동자가 보리심을 발한 사실에 대해서 명지거사가 듣고는 자신도 이미 보리심을 발하였다는 뜻을 밝혔다. 보리심을 발하므로 여래의 가문에 나서 흰 법을 증장하고, 한량없는 모든 바라밀다에 편안히 머무는 등의 이익을 들었다.

(3) 명지거사의 복덕장해탈문을 밝히다

선 남 자　아 득 수 의 출 생 복 덕 장 해 탈 문　　범
善男子야 **我得隨意出生福德藏解脫門**하야 **凡**

유 소 수　실 만 기 원　　소 위 의 복 영 락　　상 마 거
有所須에 **悉滿其願**하니 **所謂衣服瓔珞**과 **象馬車**

승　화 향 당 개　음 식 탕 약　방 사 옥 택　상 좌 등
乘과 **華香幢蓋**와 **飮食湯藥**과 **房舍屋宅**과 **牀座燈**

거　노비우양　급제시사　여시일체자생지물
炬와 奴婢牛羊과 及諸侍使라 如是一切資生之物을

제유소수　실령충만　내지위설진실묘법
諸有所須에 悉令充滿하며 乃至爲說眞實妙法이로라

"선남자여, 나는 마음대로 복덕이 나오는 창고의 해
탈문을 얻었으므로 무릇 필요한 것은 다 소원대로 됩니
다. 이른바 의복과 영락과 코끼리와 말과 수레와 꽃과
향과 당기幢旗와 일산日傘과 음식과 탕약과 방과 집과 평
상과 등불과 하인과 소와 양과 시중꾼들입니다. 이와
같이 모든 살림살이에 필요한 물건을 찾는 대로 다 만
족하게 되며, 내지 진실하고 미묘한 법문까지 연설합
니다."

명지거사는 복덕장해탈문을 얻었다. 복덕장인 까닭에
바라는 바는 무엇이든 없는 것이 없다. 이른바 의복과 영락
과 코끼리와 말과 수레와 꽃과 향 등 사람이 필요로 하는 것
이면 무엇이든 다 만족하게 하며, 진실하고 미묘한 법문까
지 연설하여 모든 이들을 교화한다.

(4) 보살의 부사의한 해탈 경계를 보이다

선남자   차대수유   여당자견   설시어
善男子야 **且待須臾**하라 **汝當自見**하리라 **說是語**

시   무량중생   종종종방소   종종세계   종종
時에 **無量衆生**이 **從種種方所**와 **種種世界**와 **種種**

국토   종종성읍   형류각별   애욕부동
國土와 **種種城邑**하야 **形類各別**하고 **愛欲不同**하야

개이보살왕석원력   기수무변   구래집회
皆以菩薩往昔願力으로 **其數無邊**이 **俱來集會**하야

각수소욕   이유구청
各隨所欲하야 **而有求請**이어늘

"선남자여, 잠깐만 기다리십시오. 그대가 마땅히 스스로 보게 될 것입니다." 이렇게 말할 적에 한량없는 중생이 갖가지 방위와 갖가지 세계와 갖가지 국토와 갖가지 도시로부터 오는데, 종류가 각각 다르고 욕망이 같지 않지마는 모두 보살의 과거의 서원으로 그지없는 이들이 모두 와서 제각기 자기의 욕망대로 요청하였습니다.

복덕장해탈문을 얻은 거사는 다시 불가사의한 해탈 경

계를 보이면서 한량없는 중생이 갖가지 방위와 갖가지 세계
와 갖가지 국토와 갖가지 도시로부터 와서 각자의 욕망대
로 요청하는 모습을 다 보였다.

이시 거사 지중보집 수유계념 앙
爾時에 居士가 知衆普集하시고 須臾繫念하야 仰

시허공 여기소수 실종공하 일체중회
視虛空에 如其所須하야 悉從空下하야 一切衆會가

보개만족 연후 부위설종종법
普皆滿足한 然後에 復爲說種種法하시니

그때에 거사는 여러 대중이 모인 줄을 알고 잠깐 생
각하면서 허공을 우러러보니, 그들이 요구하는 것들이
허공에서 내려와서 모든 대중의 뜻을 널리 다 만족하
게 하였습니다. 그러고는 다시 갖가지 법을 연설하였
습니다.

소위위득미식이충족자 여설종종집복덕
所謂爲得美食而充足者하사 與說種種集福德

행   이빈궁행   지제법행   성취법회선열식행
行과 離貧窮行과 知諸法行과 成就法喜禪悅食行

    수습구족제상호행   증장성취난굴복행   선
과 修習具足諸相好行과 增長成就難屈伏行과 善

능요달무상식행   성취무진대위덕력항마원
能了達無上食行과 成就無盡大威德力降魔寃

행
行하며

이른바 아름다운 음식을 얻어 만족한 이에게는 갖가
지 복덕을 모으는 행行과, 빈궁을 여의는 행과, 모든 법
을 아는 행과, 법으로 기쁘고 선정으로 즐거운 음식을
성취하는 행과, 모든 거룩한 모습을 닦아 구족하는 행
과, 굴복하기 어려움을 증장하여 성취하는 행과, 위없는
음식을 잘 통달하는 행과, 다함이 없는 큰 위엄과 덕의
힘을 성취하여 마魔와 원수를 항복받는 행을 설하였습
니다.

위 득 호 음 이 충 족 자   여 기 설 법   영 어 생
爲得好飮而充足者하사 與其說法하야 令於生

사　사리애착　　입불법미
死에 捨離愛着하고 入佛法味하며

　좋은 마실 것을 얻어 만족한 이에게는 법을 말하여 나고 죽는 데서 애착을 버리고 부처님 법의 맛에 들어가게 하였습니다.

위 득 종 종 제 상 미 자　　여 기 설 법　　개 령 획
爲得種種諸上味者하사 與其說法하야 皆令獲

득 제 불 여 래 상 미 지 상
得諸佛如來上味之相하며

　갖가지 좋은 맛을 얻은 이에게는 법을 말하여 모든 부처님 여래의 맛좋은 모양을 다 얻게 하였습니다.

위 득 거 승 이 충 족 자　　여 기 선 설 종 종 법 문
爲得車乘而充足者하사 與其宣說種種法門하야

개 령 득 재 마 하 연 승
皆令得載摩訶衍乘하며

　수레를 얻어 만족한 이에게는 갖가지 법문을 말하여

모두 마하연摩訶衍의 수레를 타게 하였습니다.

위 득 의 복 이 충 족 자　　여 기 설 법　　영 득 청
爲得衣服而充足者하사 **與其說法**하야 **令得清**

정 참 괴 지 의　　내 지 여 래 청 정 묘 색　　여 시 일 체
淨慚愧之衣와 **乃至如來淸淨妙色**하야 **如是一切**

미 부 주 섬　　연 후　　실 위 여 응 설 법　　기 문 법
를 **靡不周贍**한 **然後**에 **悉爲如應說法**하시니 **旣聞法**

이　　환 귀 본 처
已에 **還歸本處**하니라

의복을 얻어 만족한 이에게는 법을 말하여 청정한
부끄러움의 옷과 내지 여래의 청정한 모습을 얻게 하였
으며, 이와 같이 모든 것을 만족하게 한 뒤에 마땅한 대
로 법을 연설하니 이미 법문을 듣고는 본래의 처소로
돌아갔습니다.

거사가 잠깐 생각하면서 허공을 우러러보니 그들의 요구
하는 것들이 허공에서 내려와서 모든 대중의 뜻을 널리 다
만족하게 하는 것을 낱낱이 밝혔다. 특히 법을 말하여 나고

죽는 데서 애착을 버리고 부처님 법의 맛에 들어가게 하고,
모든 부처님 여래의 맛 좋은 모양을 다 얻게 하고, 갖가지 법
문을 말하여 모두 대승의 수레를 타게 하였다.

3) 자기는 겸손하고 다른 이의 수승함을 추천하다

爾時에 居士가 爲善財童子하사 示現菩薩不可

思議解脫境界已하시고 告言하사대 善男子야 我唯

知此隨意出生福德藏解脫門이어니와 如諸菩薩摩

訶薩은 成就寶手하야 徧覆一切十方國土하야 以

自在力으로 普雨一切資生之具하나니

그때에 거사는 선재동자에게 보살의 불가사의한 해
탈 경계를 나타내 보이고 말하였습니다. "선남자여, 나
는 다만 이 뜻대로 복덕을 내는 창고의 해탈문만을 알

거니와 모든 보살마하살은 보배의 손을 성취하여 일체
시방의 국토를 두루 덮고 자유자재한 힘으로 모든 살림
살이 도구를 널리 비처럼 내리게 합니다."

소위우종종색보　　종종색영락　　종종색보관
所謂雨種種色寶와 種種色瓔珞과 種種色寶冠

종종색의복　　종종색음악　　종종색화　　종종
과 種種色衣服과 種種色音樂과 種種色華와 種種

색향　　종종색말향　　종종색소향　　종종색보개
色香과 種種色末香과 種種色燒香과 種種色寶蓋

종종색당번　　변만일체중생주처　　급제여
와 種種色幢幡하야 徧滿一切衆生住處와 及諸如

래중회도량　　혹이성숙일체중생　　혹이공
來衆會道場하야 或以成熟一切衆生하며 或以供

양일체제불　　이아운하능지능설피제공덕
養一切諸佛하나니 而我云何能知能說彼諸功德

자재신력
自在神力이리오

"이른바 가지각색 보배와, 가지각색 영락과, 가지각

색 보배 관과, 가지각색 의복과, 가지각색 음악과, 가지
각색 꽃과, 가지각색 향과, 가지각색 가루 향과, 가지각
색 사르는 향과, 가지각색 보배 일산日傘과, 가지각색 당
기幢旗와 번기幡旗를 비처럼 내려, 모든 중생이 머무는 곳
과 모든 여래 대중이 모인 도량에 가득하여 혹은 일체
중생을 성숙하게 하기도 하고, 혹은 일체 모든 부처님
께 공양하기도 합니다. 그러나 제가 어떻게 그 모든 공
덕과 자재한 신통의 힘을 능히 알며 능히 말할 수 있겠
습니까?"

4) 다음 선지식 찾기를 권유하다

선 남 자　어 차 남 방　유 일 대 성　　명 사 자 궁
善男子야 於此南方에 有一大城하니 名獅子宮

피 유 장 자　　명 법 보 계　여 가 왕 문　　보 살
이요 彼有長者하니 名法寶髻니 汝可往問호대 菩薩이

운 하 학 보 살 행　　수 보 살 도
云何學菩薩行이며 修菩薩道리잇고하라

"선남자여, 여기서 남쪽에 큰 성이 있으니 이름이 사자궁獅子宮이요, 거기에 장자가 있으니 이름이 법보계法寶髻입니다. 그대는 그에게 가서 '보살이 어떻게 보살의 행을 배우며 보살의 도를 닦습니까?'라고 물으십시오."

이 세상 모든 불자들은 누구를 만나든지 선지식으로 생각하고 이와 같이 물어야 한다. "보살이 어떻게 보살의 행을 배우며 어떻게 보살의 도를 닦습니까?" 경전에서 끊임없이 반복하는 것은 제8 장식藏識에 깊이깊이 새겨야 한다는 의미이다.

시 선재동자 환희용약 공경존중 여
時에 善財童子가 歡喜踊躍하며 恭敬尊重하야 如

제 자 례 작 여 시 념 유 차 거 사 호 념 어 아
弟子禮하야 作如是念호대 由此居士가 護念於我하야

영 아 득 견 일 체 지 도 부 단 애 념 선 지 식 견 불
令我得見一切智道하며 不斷愛念善知識見하며 不

괴 존 중 선 지 식 심
壞尊重善知識心_{하며}

　　이때에 선재동자가 환희하여 뛰놀면서 공경하고 존
중하며 제자의 예를 극진히 하고 이와 같이 생각하였습
니다. '이 거사가 나를 생각하시므로 나로 하여금 일체
지혜의 길을 보게 하였으니, 선지식을 사랑하는 소견을
끊지 아니하고, 선지식을 존중하는 마음을 무너뜨리지
않고,

　　상 능 수 순 선 지 식 교　　결 정 심 신 선 지 식 어
　　常能隨順善知識敎_{하며} **決定深信善知識語**_{하며}

항 발 심 심　　사 선 지 식　　정 례 기 족　　요 무
恒發深心_{하야} **事善知識**_{이라하야} **頂禮其足**_{하며} **繞無**

량 잡　　은 근 첨 앙　　사 퇴 이 거
量帀_{하며} **殷勤瞻仰**_{하고} **辭退而去**_{하니라}

　　선지식의 가르침을 항상 따르고, 선지식의 말씀을 결
정하게 깊이 믿고, 항상 깊은 마음을 내어 선지식을 섬
기리라.'라고 하면서 그의 발에 엎드려 절하고 한량없
이 돌고 은근하게 앙모하면서 하직하고 떠났습니다.

선재동자가 선지식을 친견하여 큰 법을 얻고 나서 선지식에 대하여 어떤 생각을 해야 하는지를 밝혔다. 다시 상기하면, '이 거사 선지식이 나를 생각하시므로 나로 하여금 일체 지혜의 길을 보게 하였으니, 선지식을 사랑하는 소견을 끊지 아니하고, 선지식을 존중하는 마음을 무너뜨리지 않고, 선지식의 가르침을 항상 따르고, 선지식의 말씀을 결정하게 깊이 믿고, 항상 깊은 마음을 내어 선지식을 섬기리라.' 라고 하는 생각이었다.

입법계품 6 끝

〈제65권 끝〉

華嚴經 構成表

分次	周次			內容	品數	會次
舉果勸樂生信分 (信)	所信因果周			如來依正	世主妙嚴品 第一 如來現相品 第二 普賢三昧品 第三 世界成就品 第四 華藏世界品 第五 毘盧遮那品 第六	初會
修因契果生解分 (解)	差別因果周	差別因		十信	如來名號品 第七 四聖諦品 第八 光明覺品 第九 菩薩問明品 第十 淨行品 第十一 賢首品 第十二	二會
				十住	昇須彌山頂品 第十三 須彌頂上偈讚品 第十四 十住品 第十五 梵行品 第十六 初發心功德品 第十七 明法品 第十八	三會
				十行	昇夜摩天宮品 第十九 夜摩天宮偈讚品 第二十 十行品 第二十一 十無盡藏品 第二十二	四會
				十廻向	昇兜率天宮品 第二十三 兜率宮中偈讚品 第二十四 十廻向品 第二十五	五會
				十地	十地品 第二十六	六會
				等覺	十定品 第二十七 十通品 第二十八 十忍品 第二十九 阿僧祇品 第三十 如來壽量品 第三十一 菩薩住處品 第三十二	七會
		差別果		妙覺	佛不思議法品 第三十三 如來十身相海品 第三十四 如來隨好光明功德品 第三十五	
	平等因果周	平等因			普賢行品 第三十六	
		平等果			如來出現品 第三十七	
托法進修成行分 (行)	成行因果周			二千行門	離世間品 第三十八	八會
依人證入成德分 (證)	證入因果周			證果法門	入法界品 第三十九	九會

（資料：文殊經典研究會）

會場	放光別	會主	入定別	說法別舉
菩提場	遮那放齒光眉間光	普賢菩薩爲會主	入毘盧藏身三昧	如來依正法
普光明殿	世尊放兩足輪光	文殊菩薩爲會主	此會不入定 · 信未入位故	十信法
忉利天宮	世尊放兩足指光	法慧菩薩爲會主	入無量方便三昧	十住法門
夜摩天宮	如來放兩足趺光	功德林菩薩爲會主	入菩薩善思惟三昧	十行法門
兜率天宮	如來放兩膝輪光	金剛幢菩薩爲會主	入菩薩智光三昧	十廻向法門
他化天宮	如來放眉間毫相光	金剛藏菩薩爲會主	入菩薩大智慧光明三昧	十地法門
再會普光明殿	如來放眉間口光	如來爲會主	入刹那際三昧	等妙覺法門
三會普光明殿	此會佛不放光 · 表行依解法依解光故	普賢菩薩爲會主	入佛華嚴三昧	二千行門
祇陀園林	放眉間白毫光	如來善友爲會主	入獅子頻申三昧	果法門

如天 無比

1943년 영덕에서 출생하였다. 1958년 출가하여 덕흥사, 불국사, 범어사를 거쳐 1964년 해인사 강원을 졸업하고 동국역경연수원에서 수학하였다. 10여 년 선원생활을 하고 1976년 탄허 스님에게 화엄경을 수학하고 전법, 이후 통도사 강주, 범어사 강주, 은해사 승가대학원장, 대한불교조계종 교육원장, 동국역경원장, 동화사 한문불전승가대학원장 등을 역임하였다.

2018년 5월에는 수행력과 지도력을 갖춘 승랍 40년 이상 되는 스님에게 품서되는 대종사 법계를 받았다. 현재 부산 문수선원 문수경전연구회에서 150여 명의 스님과 300여 명의 재가 신도들에게 화엄경을 강의하고 있다. 또한 다음 카페 '염화실'(http://cafe.daum.net/yumhwasil)을 통해 '모든 사람을 부처님으로 받들어 섬김으로써 이 땅에 평화와 행복을 가져오게 한다.'는 인불사상人佛思想을 펼치고 있다.

저서로 『무비 스님의 유마경 강설』(전 3권), 『대방광불화엄경 실마리』, 『무비 스님의 왕복서 강설』, 『무비 스님이 풀어 쓴 김시습의 법성게 선해』, 『법화경 법문』, 『신금강경 강의』, 『직지 강설』(전 2권), 『법화경 강의』(전 2권), 『신심명 강의』, 『임제록 강설』, 『대승찬 강설』, 『당신은 부처님』, 『사람이 부처님이다』, 『이것이 간화선이다』, 『무비 스님과 함께하는 불교공부』, 『무비 스님의 증도가 강의』, 『일곱 번의 작별인사』, 무비 스님이 가려 뽑은 명구 100선 시리즈(전 4권) 등이 있고 편찬하고 번역한 책으로 『화엄경(한글)』(전 10권), 『화엄경(한문)』(전 4권), 『금강경 오가해』 등이 있다.

대방광불화엄경 강설 제65권

| 초판 1쇄 발행_ 2017년 7월 27일
| 초판 3쇄 발행_ 2024년 6월 29일

| 지은이_ 여천 무비(如天 無比)
| 펴낸이_ 오세룡
| 편집_ 박성화 손미숙 윤예지 여수령 정연주
| 기획_ 곽은영 최윤정
| 디자인_ 고혜정 김효선 최지혜
| 홍보 마케팅_ 정성진
| 펴낸곳_ 담앤북스
    서울특별시 종로구 새문안로3길 23 경희궁의 아침 4단지 805호
    대표전화 02)765-1250(편집부) 02)765-1251(영업부) 전자우편 dhamenbooks@naver.com
    출판등록 제300-2011-115호
| ISBN 979-11-6201-000-6 04220

정가 14,000원

ⓒ 무비스님 2017